スザンナ・ウェスレーものがたり

ジョン、チャールズ・ウェスレーの母

大塚　野百合

教文館

まえがき

日本で出版されたスザンナ・ウェスレーの伝記

スザンナ・ウェスレーは、メソジスト教会の基礎を築いたジョン・ウェスレーと多くの賛美歌の歌詞を書いた弟のチャールズの母です。ところで「スザンナとはどんな女性だったのか。なぜ彼女の伝記を書く必要があるのか」と多くの日本の牧師や信徒は問うでしょう。それほど彼女は知られていないのです。

それもそのはずです。今まで日本で出版された日本人によるスザンナ・ウェスレーの伝記はたった一冊です。それは田中亀之助（一八八三―一九五四）というメソジスト教会の牧師で『ジョン・ウェスレー伝』などの著作がある人による『家庭宗教の建設者スザンナ・ウェスレー』という本で、恵泉女学園の書庫にあるのを見ることができました。出版社は教文館で、一九三六年に刊行されました。一九三六年から今年（二〇一五年）まで七九年の間に、ジョン・ウェスレーについては数百冊の本が日本で出版されているはずですから、スザンナに関する本を日本人が書かなかったということは驚きです。サンディー・デングラー著『祈りの母スザンナ・ウェスレー』（松代幸太郎訳、一九八八年）という訳本がいのちのことば社から刊行されたそうですが、私は残念ながら現物を見ることができませんでした。

私は一九七八年六月から、バプテスト教会の女性のための雑誌『世の光』に、スザンナについて八回連載しました。スザンナという女性の素晴らしさに圧倒されながら短い記事を書いたのです。その後、賛美歌に関する本を五冊創元社から刊行し、またヘンリ・ナウエンという二〇世紀の偉大な霊的指導者についての入門書を二冊書きましたので、

スザンナ・ウェスレー

長年スザンナから遠ざかっていました。

ところが二〇一一年五月に『感動ものがたり——魂をゆさぶった人たち』を教文館から刊行した後から、再びスザンナに戻り、彼女の伝記を書く仕事と取り組みました。この三年間、彼女が書いた手紙や日記を読み、彼女の周辺の人々について学んできたのです。それによって大きな変化が私のなかに起こりました。彼女の心に燃えていた信仰と、その誠実な生き方が、私に深い反省をもたらしました。そしてなぜ彼女の息子であるジョンとチャールズが一八世紀のイギリスの社会を変えるほどの信仰復興をもたらしたのかを理解することができました。本書の読者の方々に、私と一緒にスザンナの素晴らしさに驚いていただきたいと願います。この母が存在しなければ、メソジスト教会は生まれなかったでしょう。「揺りかごを動かす手は世界を動かす」とは、まさにスザンナのことではないでしょうか。それでは、ウェスレー兄弟によって起こった信仰復興とはどのようなもの

であったのでしょうか。

一八世紀英国の信仰復興

一七三八年五月に起こったジョン・ウェスレーとチャールズ・ウェスレーの回心に端を発した信仰復興は、英国国教会の階級制を打ち破り、国教会から見捨てられた下層階級の人々、労働者たちに福音をもたらしました。さらに一七六〇年ごろから始まった産業革命にともない、低賃金ゆえの貧困に苦しむようになった人々に対して、ウェスレー兄弟が始めたメソジスト運動は、回心による喜びにあふれた信仰の新しいパターンを生み出し、無学な貧しい人々の魂をとらえ、彼らをキリストによる救いに導きました。

歴史家レッキーは、英国にフランス革命のような事件が起こらなかったのは、メソジスト運動による一大精神革命のゆえであると評し、ジョン・ウェスレーが回心した一七三八年五月二四日は、「英国史上画期的事件が起こった日」と呼びました。弟のチャールズは、五月二一日に回心を経験しました。チャールズは兄を助けて伝道の面で素晴らしい奉仕をしたのですが、同時に彼はすぐれた詩人で、回心後賛美歌を書きはじめ、約六五〇〇の賛美歌や詩を書いたのです。労働者たちは、彼の賛美歌を歌うことによって、キリスト教の教理を学び、自分たちの罪のためにキリストが十字架にかかりたもうたことを知って、喜びにあふれたのです。現在でも彼の多くの歌が世界中で歌われています。

ウェスレー兄弟の死後、メソジスト運動は英国国教会から別れてメソジスト教会となり、世界の各地において多くの教会を建てて伝道し、また学校を開設して教育においても素晴らしい活躍をしています。日本においても東京の青山学院、西宮の関西学院などがキリスト教学校として目覚ましい働きをしています。

それでは、このようなメソジスト教会の霊的エネルギーは、どのようにして生まれたのかを、ジョン・ウェスレーと弟のチャールズの回心を通して探ってゆきたいのですが、そのためにまず彼らを生まれたときから霊的に導いた素晴らしい母親であったスザンナ・ウェスレーの生涯を詳しく見てゆきたいと思います。彼女の生き方と信仰を知る時、私たちは彼女が「メソジスト運動の母」と呼ばれるのに相応しい女性であると確信することができます。

日本の教会の霊的生命の枯渇

私たちは日本のキリスト者としてイギリスにおける信仰復興を考えているわけですが、今の日本の教会の問題はなんでしょうか。それは霊的生命の枯渇ではないでしょうか。どうすれば信仰の喜びにあふれて、現在の日本を霊的に再生させることができるのでしょうか。私たちの形骸化した信仰の問題の根はどこにあるのでしょうか。

ある日、私は詩人の金子光晴の言葉にふれました。「いったい日本人は、ほんとうに汗ばむほど神に抱きしめられたという実感をもっているか?」というものです（遠藤周作・佐藤泰正著『人生の同伴者』春秋社)。この詩人は一一歳のときに、銀座竹川町(現在の七丁目)にあった教会で洗礼志願式を受けたとのことです。

この言葉にふれて、私は衝撃を受けました。神の愛について教会やキリスト教学校で語られているが、語る者も聞く者も、ただ頭でそれを理解するだけで、神に汗ばむほどに抱きしめられているという感激がないのではないか、と思いました。そして気づいたのです。神の愛の実感の不在は、罪の悔い改めが足りないことと、聖霊の理解の薄いことに深い関係があり、それが日本のキリスト教の無気力の根ではないかと。

このような問題意識をもって、一八世紀の英国に信仰復興の嵐を巻き起こしたジョン・ウェスレーと弟のチャールズのこと、また彼らの母スザンナのことを考えたいと思います。

信者が減少しているヨーロッパの教会

ところで、信仰復興が現在のヨーロッパに必要であることを痛感させる新聞記事を読んだのは二〇一三年一〇月一日の朝日新聞の記事です。ドイツやイギリスで信者が減って困っている教会が他の目的に転用されているところが多い、というのです。ドイツのハンブルクのカペナウム教会が二億円でイスラム団体に売られて、モスクになるというのです。またイギリスのブリストルのセントポール教会は一九九〇年代から信者が減って廃墟のようになっていたので、サーカス練習所として七年前から使用されているというのです。ブリストルという町の名前を見て、私はショックを受けました。じつはブリストルの郊外のキングスウッドというところは、一七三九年にジョン・ウェスレーが回心後、初めて野外説教をしたところなのです。そこには多くの炭鉱夫が住んでおり、ジョンは三〇〇〇人にキリストの福音を伝えたのです。また、このブリストルはメソジスト運動の拠点となり、のちにウェスレー大学が設立された町なのです。ところがこの記事には、かつて教会であった建物で一人の男性が宙吊りになってサーカスをしている姿の写真が載っていたのです。

イギリスでは一年間に約二五の教会が閉鎖されているそうです。イギリスの国勢調査で「キリスト教徒」と答えた人は五九%で、一〇年前の七二%に比べて大幅に減少しています。キリスト教徒といっても、信者としてまじめに教会の礼拝に出席している人は五九%の何分の一だろうかと思うと、イギリスの現状を憂慮します。

ところで二〇一五年二月一四日付のキリスト新聞に、私は驚くような記事を見ました。「西欧全域でキリスト者減少、各地で教会閉鎖相次ぐ」という表題で、米紙「ウォールストリート・ジャーナル」の記事を紹介しています。

英国では、国教会が毎年約二〇カ所の教会を閉鎖している。デンマークでは、およそ二〇〇教会が存続不可能と見られている。ドイツのカトリック教会はこの一〇年間で五一五教会を閉鎖した。

極端なのはオランダ。同国のカトリック教会は、現在の一六〇〇教会の三分の二が十年以内に活動を停止すると見ている……欧州で優勢な正統派ユダヤ教は、比較的安定を維持している。イスラム教は、アフリカや中東のイスラム国家からの移住が増えていることを背景に、信者を増やしている。

同紙は、米国について、今のところ、教会閉鎖の波を回避できていると言う。しかし、宗教研究家たちは、米国で教会に通う人が減っていることは、米国も将来同じ問題に直面する可能性があることの表れだと指摘する。

この記事を読むと、私たちは思うのです。このような危機的状況に教会が直面している現在こそ、一八世紀の英国に起こった信仰復興のような霊的革命が必要であると。

目次

ア

装丁・装画　熊谷博人

＊　本書に収録した楽譜は、出版元である日本キリスト教団出版局の許可のもと、『讃美歌』（一九五四年版）より複写し、掲載しています。

0
100
200
km
スコットランド
北
海
エディンバラ
北アイルランド
ベルファスト
アイルランド
ダブリン
マンチェスター
エプワース
サウス・オルムスビー
イングランド
ウェールズ
バーミンガム
キダーミンスター
ケンブリッジ
オックスフォード
カーディフ
ブリストル
ロンドン
カンタベリー
ウィンチェスター
ドーヴァー
ティヴァトン
プリマス
イギリス海峡
フランス

ウェスレー関係地図

第1章　激動の英国史

激動の歴史のあらすじ

スザンナ・ウェスレー（Suzanna Wesley, 1669-1742）とその父サムエル・アンスリー（Samuel Annesley, 1620-96）が生きていた時代は、英国史のなかで今までにない激動の時代でした。その歴史的背景を知らないと、理解できないことが多いので、まずその説明をいたします。大雑把に時代の変遷を説明し、大事なピューリタン革命については、なるべく分かりやすく書くつもりです。本書の巻末の年表を参照してください。

サムエル・アンスリーが五歳であった一六二五年にチャールズ一世が即位しました。一六四二年にピューリタン革命と呼ばれる内戦が勃発し、イギリス国民は議会を中心にして専制君主であった王と対決し、一六四九年にチャールズ一世が処刑されて、英国は共和制となります。その時、アンスリーは二九歳でした。

以前は議会の一議員にすぎなかったオリヴァー・クロムエルは強力な騎兵隊を作り、優れた統率力を発揮してこの革命を勝利に導いたのです。王制が廃止されて共和国になってから四年目の一六五三年に、クロムエルは護国卿という最高権力者となりました。ところが、一六五八年にクロムエルが死亡し、息子のリチャードが後任の護国卿となるのですが、彼はその任にふさわしい実力がなかったので、護国卿制度は崩壊し、翌年一六六〇年にチャールズ二世が亡命先のフランスからロンドンに帰り、王政復古となります。その時、アンスリーは四〇歳でした。

王政復古になるや、国教会にたいして批判的であったピューリタンの牧師たちに迫害の火の手があがりました。一六六二年に「第三次礼拝統一法」が施行されて、多くのピューリタンの牧師たちが国教会から追放されたのです。アンスリーもその一人でした。以後彼は非国教徒の牧師として活躍しました。この大変な年の七年後の一六六九年に、スザンナは生まれました。

一六八五年にチャールズ二世が死亡し、ジェームズ二世が即位します。ところがカトリック信者であると公言していた彼に男子の子どもが生まれたので、英国がカトリックの王によって支配されることを恐れた議会は、ジェームズ二世を追放し、プロテスタントのオランダ総督オレンジ公をウィリアム三世として英国王に擁立しました。彼の妻メアリーは、ジェームズ二世の娘でした。彼女はプロテスタントであったので、ウィリアム三世と共同統治をすることになりました。これが一六八八年の名誉革命と言われるのは、この革命が流血の惨事を起こすことなく成就されたからです。

このウィリアム三世を英国王として認めることに反対したスザンナが、夫サムエルと深刻な仲たがいをして、離婚寸前にまでに至った事情は、第４章「夫と妻」で詳しく述べています。

ピューリタンとはどのような人々か

当時の英国を理解するために、ピューリタンとはどのような人々であったかを説明する必要があります。ヨーロッパの宗教改革は、ルターやカルヴァンという偉大な信仰の指導者がカトリック教会の教義と在り方を批判して行われたものでしたが、イングランドの宗教改革は、信仰よりも政治が主導的になって行われたのです。

その直接の原因がイングランド王であったヘンリ八世の離婚問題でした。彼は妻の侍女であったアン・ブーリンと恋におち、妻のキャサリン・オブ・アラゴンを離婚しようと願ったのですが、ローマ教皇から離婚の許可を得ることができないので、ヘンリ八世はカトリック教会との関係を絶って、イングランド王を「イングランド国教会の地上における唯一最高の首長」と見なす「国王至上法」を一五三四年議会に制定させました。宗教改革で一番大事である教義や、教会の編成ということは全く問題にされなかったのです。

ヘンリ八世のつぎの王エドワード六世のときはプロテスタントの勢力が伸びたのですが、つぎにヘンリ八世が離婚したキャサリンの娘メアリー一世が即位するや、カトリック勢力がイングランドを支配します。彼女はスペインのフェリペ二世と結婚し、プロテスタントを迫害して多くの殉教者を出すことになりました。

一五五八年にはアン・ブーリンの娘エリザベス一世が即位します。彼女はプロテスタントでしたが、カトリックとプロテスタントの中道を目指した政策をとりました。ところがメアリー女王の迫害を逃れてスイスのジュネーヴに亡命した者たちは、そこでカルヴァンの影響を受けていたので、帰国するやイングランドの国教会にカトリック的なものが多く残っていることを批判して「純粋な（pure）教会」にすることを目指したので、彼らはピューリタン（puritan）と呼ばれるようになりました。彼らの理想は、聖書に従って教会と国家を含めた社会全体を改革することでした。彼らは亡命しなかった多くの人々に影響を与えました。イングランドの中途半端な宗教改革を改革することを願ったのです。

ところで、ピューリタンにもいろいろな分派がありました。長老派は、国教会の教会区制度をそのまま残して、会衆から選ばれる長老が牧師と協力して教会を運営する方法をとることにしました。一つの会衆を指導するのは、牧師と長老たちで成立する長老会なのです。また一定の地域にあるすべての教会の牧師たちと、各教会から少なくとも一人の長老を出して中会（Presbytery）が構成されます。この中会は牧師の任命などに関する重要な働きをします。その上にすべての中会が集まって成立する大会は教会全体の事柄を決めるのです。スザンナの父は長老派に属していました。

しかし、それでは不十分であると考えたのが独立派です。国教会では、ある教会区（parish）に住んでいる住民はすべて生まれてから死ぬまでその教区の教会に通って世話になることになっていましたが、独立派の人々は、信仰的に目覚めて人々が集まるのが教会であり、個々の教会は独立しており、教会の儀式とか規律を行う権限は、個々の教会にあり、全国的な統制に従う必要はないと考えていました。

ところで宗教的な分派であった長老派と独立派は、ピューリタン革命のとき、政治的な派閥となりました。長老派には貴族の一部とロンドンの大商人、独立派には農村のジェントリーが属していました。クロムエルと彼の軍隊は独立派でした。

ピューリタン革命について

一六四二年に起こった内戦が「ピューリタン革命」と言われているのは、国王派に国教会派の議員が多かったのに反して、議会派にピューリタンが多く、革命を勝利に導いたのが彼らのなかで傑出していたクロムエルであったからです。

革命を指導したクロムエルは、ジェントリーの家に生まれた人物であり、その故郷の東部地方にはピューリタンの教えが浸透しており、彼は熱心なピューリタンでした。

ジェントリーとは、貴族より下でヨーマン（自営農民）より上の階層、またこのような土地所有者のほかに法律家、医師といった専門職業人や、商工業者で蓄えた富を土地に投資した人たちのことで、「郷紳」と訳されています。

この両派にはどのような人々が属していたのでしょうか。貴族を中心とする封建的土地所有者、特権商人が国王側に、逆に資本主義的な農業経営者、小商人、独立自営農民は議会側に属していました。ところが、ジェントリー層は二派に別れ、国王側についた者と議会側についた者がいました。

国王に対して議会が反抗したのは、チャールズ一世が即位した四年後の一六二九年から一六四〇年までの間、議会を開かず勝手に船舶税を課したりして、政治を私物化する暴君であったからです。ところが革命のきっかけになったのは、国王がイングランドの国教会の信条と制度をスコットランドに強制しようとしたことでした。ジョン・ノックスの指導によって、スコットランドには長老主義が国教として根づいており、スコットランドが激しい抵抗を示したことにより、一六三九年と翌年にわたって二度、主教戦争と呼ばれる戦いが起こりました。強い結束を示したスコットランド軍に負けたチャールズ一世は、財政的に苦しい状態にあったので、一六四〇年春に戦費を調達するために、仕方なく一一年ぶりに議会を開きました。ところが議会は戦費調達に応じるどころか、国王の議会無視の横暴を責めたので、国王は三週間でこの議会を解散し、短期議会と呼ばれます。しかしスコットランド軍が国境を越えて侵入し、停戦とひきかえに賠償金を請求したので、国王はやむなくその年の秋に、再び議会を招集しました。この議会はそれから一三年続いたので、長期議会と呼ばれます。

長期議会は次々に改革のための法案を通過させて、国王が大権と称するものを法律で制限することに務めました。するとチャールズ一世は、一六四二年一月に自ら兵を率いて議場に乗り込み、議会の指導者五人の引き渡しを求めたのですが、それに失敗して北に逃れて戦う準備をし、ついに八月に内戦となったのです。

初めの二年間は議会軍が弱かったので、一六四五年にクロムエルを中心にニューモデル軍が編成されました。ところが長老派が国王派に対して妥協的で、早期の和平を望んだので、独立派との対立が深刻になり、クロムエルのニューモデル軍内の長老派の指揮官が軍から追放される事態となります。ところでクロムエルが指揮した軍がめざましい勝利をあげた結果、第一次内戦は終結します。彼の軍が強かった原因は、それが「聖者の軍隊」であったからです。信仰の篤い兵士を募集し、彼らは携帯聖書を絶えず読んで、略奪や上官への反抗をすることなく、飲酒が営倉行きとされたというのですから驚きです。彼らは国王は神の敵と信じて戦いました。クロムエルは、自分は神の道具として神の栄光のために敵を打ち負かすのだと確信していました。

ところが、議会の長老派が独立派の勢力を弱体化するために軍隊の解散を計ったのですが、給料の未払いに苦しんでいた兵士たちが多く、大きな問題となりました。そのとき彼らに手をさしのべたのが、平等派という組織でした。平等派はロンドンの手工業者や職人たちの間に生まれた組織で、ジョン・リルバーンという人物がリーダーでした。彼らは人民主権に基づく共和国の構想を示した憲法草案「人民協定」という文書を独立派の軍幹部につきつけました。そこで一六四七年の末に彼らと独立派が話しあうパトニー会議が開かれたのですが、折り合いがつかなかったのです。そこに反革命勢力がつけ込んで、第二次内戦になったのですが、一六四八年に独立派と平等派が和解して内戦は終息しました。

その後、一六四九年一月一日に議会の庶民院は、国王裁判所を設け、一月二七日に国王に対して死刑判決を下し、一月三〇日に公開処刑を行いました。

王の処刑に対する反応

在位中の王が正式の裁判にかけられ、公開処刑されたということは前代未聞の出来事でした。つぎの章で述べるように、この出来事に対して当時から賛否両論があります。スザンナの父サムエル・アンスリーはチャールズ一世の悪政を批判していましたが、クロムエルが指導権をとっていた庶民院が王を処刑したことに対して激怒しました。その時、彼は二九歳でした。またアンスリーの親友で、有名なピューリタン牧師であったリチャード・バクスターは、従軍牧師として勤務したことがあり、クロムエルを個人的に知っている人物でした。

バクスターは、クロムエルが指導した庶民院の法廷がチャールズ一世を処刑したことを、心から嘆きました。そのことはつぎの章で詳しく述べます。ちなみにスザンナが生まれたのは、王の処刑の二〇年後の一六六九年です。彼女は一二歳のとき、非国教徒の父の教会を脱会して国教徒になることを決意したのですが、クロムエルたちが王を処刑したことが影響しているのではないか、と私は思います。

第2章　スザンナの父サムエル・アンスリーと友人バクスターとデフォー

スザンナの母親

キリスト教会史上、もっとも素晴らしい母親は、聖アウグスティヌスの母モニカとスザンナ・ウェスレーであると言われています。キリスト教会の至宝ともいうべきスザンナは、常識では考えられないほど優れた女性、妻、母でした。一六六九年一月二〇日、ロンドンのスピッタルフィールズの牧師館に生まれました。父サムエル・アンスリー牧師（一六二〇―九六）の後妻の子で、二五番目の子ども、というのですから、驚きます。アンスリーの最初の妻メアリー・ヒルは、最初の子どもサムエルを生んだときに、難産で一六四六年に死亡しました。悲しみにくれたアンスリーはまもなく再婚し、その妻が二四人の子どもを生みました。その二五人のうち、男子は二人だけで、成長したのは全部でたった七人で、歴史に名が残ったのは、スザンナだけでした。この母親の姓はホワイトですが、名前は不明です。

この母親は優れた知性と純粋な魂を持った女性で、多くの子どもたちの信仰心を養うために、あらゆる努力をした、と伝えられています。スザンナについて優れた研究書『スザンナ・ウェスレーとメソジスト運動におけるピューリタニズムの伝統』（*Suzanna Wesley and the Puritan Tradition in Methodism*, Epworth Press, 1968）を書いたジョン・A・ニュートンは、スザンナの母の父親について興味深いことを書いています。スザンナの母の父ジョン・ホワイトは優れたピューリタンの弁護士で、ピューリタン革命の長期議会のメンバーであり、背徳牧師排斥委員会の長として活躍し、議会が一六四三年に追放した一〇〇名の牧師たちについて書いた本を出版しました。このことは、リチャード・バクスターについて述べるときに詳しく説明します。

スザンナの父サムエル・アンスリー

ところでスザンナは、ハンサムな父に似て美しい子で、立ち居振る舞いがきわめて優雅であり、父親の優れた知性と、しっかりした性格を受け継いでいました。父のサムエル・アンスリーは、「ピューリタンの聖パウロ」と言われたほどの指導力のある牧師でした。彼は、名門の出で、その祖父は、チャールズ一世によってアイルランドの貴族となり、その長男のアーサー、すなわちサムエルの伯父は、イギリスの爵位を許され、初代のアングルシイ伯となりました。

一六二〇年生まれのサムエル・アンスリーが四歳のとき、父のジョンが死去するという不幸が起きました、サムエルは、信仰心の篤い母親に育てられ、幼いときから、大きくなったら牧師になりたいという望みをもっていました。ところで、ある晩、彼は恐ろしい夢を見たのです。自分が牧師になったところが、ロンドンの主教に呼び出されて、火で焼かれて殉教の死をとげる、という夢です。しかしサムエルは、「殉教」におびえる少年ではありませんでした。

　彼は、一五歳でオックスフォード大学のクイーンズ・カレッジに入学し、二年後に学士号を与えられ、若手牧師として頭角をあらわしました。

　一六四八年の七月二六日に、二八歳であったアンスリーは、ケントシャーのクリッフという町の牧師をしていたのですが、なんと彼は議会の庶民院に呼ばれて、説教をするという重い責任を負いました。

　そのとき彼は、ヨブ記二七章五、六節「断じて、あなたがたを正しいとはしない。死に至るまで、わたしは潔白を主張する。わたしは自らの正しさに固執して譲らない。一日たりとも心に恥じるところはない」に基づいて議員たちの心に訴ええました。「あなたがたは、このヨブのように自分が潔白であり、正しいと主張することができるか」と。「公職に就くにあたって、あなたがたの目的は何であったでしょうか。正義ということに関して、あなたがたは、いったい何をしたでしょうか」。議員にとって大事なことは、謙遜、悔い改め、正義、潔白であると強調したのです。これを聞いた議員たちは、深い感動を覚え、その説教を印刷し、それをジョン・A・ニュートンが前述の著作のなかで紹介している

サムエル・アンスリー

ので、現在私たちは彼の熱弁にふれることができるのです。

アンスリーがこの説教をしたのは、一六四八年の七月でしたが、その三か月前にピューリタン革命の第二次内戦が始まっていました。その翌年の一月三〇日に、庶民院は裁判をしてチャールズ一世を処刑しました。まさに嵐が吹き荒れていた庶民院で、彼は命がけで議員の魂に迫る熱弁をふるったのです。

クロムエルを批判した二人の牧師

アンスリーはチャールズ一世の暴虐な振る舞いを激しく批判していましたが、この王の処刑に責任があったオリヴァー・クロムエルのことは、次のように非難しました。「未だかつてないほどキリストの教会を苦しめた、このうえもない偽善者」"the arrantest hypocrite that ever the Church of Christ was pestered with"と述べたそうです。このような酷評の結果、アンスリーは一年に二〇〇から三〇〇ポンドの牧師給を得ていたクリッフの教会から追放されて、ロンドンの一番小さな教会であったフライデイ街の福音記者聖ヨハネ教会に移されたのです。

ところで、アンスリーの親友であり、スザンナがその著書を愛読したリチャード・バクスター（一六一五―九一）は、当時のピューリタン牧師のなかで後世に名が残る貢献をした人物です。梅津順一氏はその著書『ピューリタン牧師バクスター――教会改革と社会形成』（教文館、二〇〇五年）に、バクスターのクロムエル評を紹介しています。

バクスターは一六四五年から四七年まで、クロムエルが指揮していた軍の従軍牧師として働いたので、クロムエルという人物を熟知していました。バクスターは、その『自叙伝』にクロムエルについて、つぎのように述べているそうです。「彼は基本的には正直に考え、基本的な生活態度において敬虔で良心的であったのです」が、「成功と繁栄が彼を堕落させた」というのです。バクスターの言葉を引用します。「クロムエルには敬虔と野心が同居していた」というのです。

　クロムエルの一般的な宗教的熱情は、成功にともなって増大する野心の力に道を開いた。敬虔と野心は一致して、どんな教派であれ神に従うと彼が考えたすべてのものに好意を示した……野心は彼に密かに、彼らをどのように利用できるかを告げた。

カーライルと内村鑑三のクロムエル評

英国史上の人物でクロムエルほど評価が極端に分かれる人物は珍しいと思います。英国の著名な評論家トーマス・カーライル（一七九五―一八八一）はクロムエルに心酔して彼の伝記を書き、クロムエルの二〇五通の手紙と一九のスピーチを集めた本を一八四六年に出版しました。

カーライルを心から敬愛していた内村鑑三（一八六一―一九三〇）は、カーライルの『クロムエル伝』を読んで深く感動して、ある時「クロンウェルの宗教」という題で講演をしました。『内村鑑三信仰著作全集』（教文館）第23巻に全文収録されています。内村は言います。クロムエルにとってイギリス人の自由を復興することは大問題であったはずだが、それよりも重要な問題が彼の胸のなかにあった。それはどのようにすれば自分は永遠の刑罰をまぬかれ、救われるか、という問題であったと。四二、三歳のときに従姉妹に書いた手紙にその思いが表れていると。

そして革命の戦場における彼について、つぎのように言っています。

実に彼は陣営にあって絶えず熱心に祈禱をした。彼の将官も祈り、彼の軍卒も草原にひざまづいて一生懸命に祈禱した。彼の勝利はすでにこの時に現われていたのである。ゆえに余輩は、クロンウェルの勢力を見て神の全知全能を見、神の全知全能を知ってクロンウェルの勢力を解し得るのである。

内村はこのように信仰の力を力説して、聞く者に訴えたのです。金力と人力では駄目だ、クロムエルのように神に頼れと。

一六六二年礼拝統一令による迫害

ところで一六五七年にクロムエルは護国卿となり、イングランド国王に代わる最高権力者になったのですが、翌一六五八年九月三日に死去し、息子のリチャードが護国卿に就任しました。その結果、事態は大きく変化しました。リチャード・クロムエルは、サムエル・アンスリーの人物を見込んで、彼をロンドンのセント・ジャイルズという大きな教会の牧師に任命したのです。この教会はオリヴァー・クロムエルが結婚式を挙げた教会です。アンスリーは、この教会を牧するとともに、ピューリタンの指導的牧師として活躍しました。

ところが、一六六〇年に王政復古が起こるや、チャールズ二世は一六六二年に第三次礼拝統一令を発令したのです。この法令は、英国国教会が制定した祈禱書に基づいて、すべての教会は礼拝をおこない、それに違反した教会には厳罰が下される、というものでした。英国国教会に反対していたピューリタンの牧師たちに対して迫害が起こり、アンスリーはロンドンのセント・ジャイルズ教会を追放されました。その時、二〇〇〇人の牧師たちが教会、牧師館や大学から追い出されたというのですから、大変な事件でした。ジョン・ウェスレーの曽祖父バーソロミュー・ウェスレーなどの優れたピューリタン牧師なども、教職を失ったのです。一六六二年は、ピューリタンにとって忘れられない年となりました。それまで国教会の内部で改革を願って働いていたピューリタンが、教会から追放されて非国教徒になったのです。それがまさにアンスリーの運命でした。アンスリーは七〇〇ポンドという高額の年俸を与えられていた教会から追われ、日々官憲の監視下に置かれるという失意の生活を送らねばなりませんでした。

非国教徒に関する記録によると、この悲劇が起こった七年後の一六六九年には、彼はロンドンのスピッタルフィールズに建てた長老派の会堂で、八〇〇人の信徒に説教していました。その集会所の牧師館でスザンナは生まれたのです。

ところで一六八八年には、アンスリーの運命に、新しい転機が訪れました。名誉革命が起こり、翌年信仰の自由が布告されたからです。アンスリーは、迫害から解放されて、大手をふって自分の信仰に基づいて行動することができるようになりました。そして彼はロンドンのビショップゲートに、セント・ヘレン教会を創立しました。

スザンナの研究者ジョン・A・ニュートンは、前述の本にアンスリーの人柄について大事な発言をしています。それは、宗教的な論争が激しかった時代に生きていた彼が、どのように論争を避け、寛容な心で人々に接していたか、またどのように謙遜な人間であったか、ということです。親友であったバクスターは、アンスリーを評して「この上もなく真実で、敬虔で、謙虚な人物」と言ったそうです。

リチャード・バクスターについて

リチャード・バクスター（Richard Baxter, 1615-91）は、スザンナの父より五歳年上で、二人は親友でした。スザンナは、バクスターが書いた多くの著書を愛読しました。彼の書いたもので、キリスト教の古典と言われる『聖徒の永遠の休息』（*The Saints' Everlasting Rest*）は、彼女の姉が特別に愛した本であったので、スザンナも、この本の影響を深く受けているはずです。それでは、バクスターは、どのような経歴の人物でしょうか。それを知ることによって、私たちは当時のイングランドの教会の状態を深く理解することができます。梅津順一著『ピューリタン牧師バクスター――教会改革と社会形成』（教文館、二〇〇五年）と、今関恒夫著『バクスターとピューリタニズム――一七世紀イングランドの社会と思想』（ミネルヴァ書房、二〇〇六年）に基づいて、彼を紹介します。

バクスターは一六一五年一一月一二日、イングランド西部のシュロップシャーにあるロウトンで生まれました。彼は大学には行かなかったのですが、優れた知性と人格の持ち主で、一六三八年に国教会の執事としての按手礼を受け、四一年四月に毛織物業で有名であったキダーミンスター（Kidderminster）の説教師となりました。説教師とは、教会の正式な牧師に対して会員たちが不満足で、色々な問題を感じたとき、彼らが費用を出しあって、良い説教者を招く制度があり、そのように招かれた説教者のことをいいます。この町はロンドンの西部のウースターシャーの主要な町ウースターの北一五マイルの所にあります。

リチャード・バクスター

キダーミンスターで説教師として働く

このキダーミンスター教区の当時の牧師ジョージ・ダンスは「無知で四季ごとに一回しか説教せず」、その説教もひどいものでした。居酒屋に出入りし、したたかに酔うことがある人物でした。副牧師も「酒びたりで、口汚い喧嘩好き、無恥で、子どものための教理問答の基本的な事柄さえも理解していない」男でした。当時の国教会の司祭のなかには、このような司祭にふさわしくない人物が多かったので、長期議会は「背徳牧師排斥委員会」を立ち上げたところが、全国から苦情がよせられ、そのような牧師一〇〇名が追放されたのです。この委員会の責任者ジョン・ホワイトという弁護士が、スザンナの母の父であることは既に述べました。彼は、これらの追放された牧師について詳しく述べた本を出版したのです。

キダーミンスターの有力者たちも、無能な教職者たちに苦しめられていたので、その委員会に通報しました。そして一二人の教会役員がバクスターを説教師として招くことにしました。ところがダンス牧師は身の危険を感じて先回りをして、副牧師を辞めさせて、そのかわりに自分が受けとる二〇〇ポンドのなかから六〇ポンドを支払って、説教師を置くことに同意しました。

ところでバクスターは、翌年一六四二年にこの町を去らねばならぬ事情があり、落ち着いてこの町の正牧師としての働きに従事したのは、一六四七年から六一年の間でした。

キダーミンスターの牧師としての貢献

一六四五年にバクスターは、クロムエルが指揮した議会軍の従軍牧師になったのですが、一六四七年にひどく健康を損なって辞任しました。ところが、キダーミンスターの住民たちが再びこの町の牧師になることを懇願したので、彼は自分の命をこの町のために捧げる覚悟をして着任しました。今回は正式な牧師として招聘されました。彼は体の痛みに毎日苦しみながら、必死に住民にキリストの福音を伝えた結果、驚くべき変化がこの町に起こりました。

この町に着任した彼は、八〇〇家族がいたので、毎週二日をそれらの家族を訪れることに使いました。彼の優れたところは、彼ら一人一人と語り合って、彼らがどのような問題を抱えているかを敏感に感じとり、説教するとき、聞く者たちの魂の底にまで届くメッセージを語ったことでした。それまで彼以外の牧師からは一度も聞いたことがない福音、イエス・キリストを信じることによってもたらされるほんとうの救いとほんとうの喜びの訪れが住民の渇いた魂を生き返らせました。

この町には聖餐を受ける年齢に達したものが一八〇〇人いましたが、敬虔な人びとは、そのなかでも五〇〇人たらずでした。ところがバクスターの説教に感激した住民は、その家族や知人をつれて礼拝に集まるようになり、教会堂の回廊を五つも増築したのです。バクスターは町の変化についてつぎのように述べています。

私が最初に来たときには、神を礼拝し神の名を呼び求めるのは、一つの街路に一家族といった状態でしたが、私が去るときには街路の片方を見て歩くと、すべての家族が賛美している街路がいくつもありました。

植村正久とバクスター

明治・大正期の日本のキリスト教界の傑出した牧師であった植村正久（一八五八—一九二五）は、バクスターの説教を読んで深く感動し、明治三二年の『福音新報』に「説教者の心構」という文を書きました（『植村正久と其の時代』教文館、第四巻、六五二―三頁より引用）。

クロムウエルの時代に當り名高き英国の牧師リチャルド・ベツクスタアは、有力なる説教者にて聴衆を感動せしむるの勢また非常なりし人なり。彼の講壇に上るや全身の能力と同情とを悉く注ぎ出し、自ら燃ゆるばかりの熱心に成りて、而して後に聴衆をも燃ゆるばかりの熱心と成らしめんことを願へりといふ。彼自ら己が説教の状態と其の目的とを、眞率に語つて曰く、我は決して再び説教する能はざるが如く、又死に瀕する者の死に瀕する者に語るが如く説教せり。

今日の教会に於て甚だ嘆しく思はるゝは、講壇の調子の衰へたることなり。美はしき説教や面白き説教は之あらん、されど眞に人の心に迫つて悔改を促がし、其のうなだれたる霊を励まし、憂ひ悲める者に限りなき慰籍を与うる力あるものは稀なり。其の原因は要するに説教者自ら熱する所なく、特に主張せんとする思想を懐かず、深く罪悪と戦ひて之を悔改するの経験乏しく、基督の恩寵に生活するの味ひを知らざる者多きに在りと言はざる可らず。此時に當りてベツクスタアの講壇に立てる心構へを聞く、又大に今日の説教者を戒しむるものなしとせんや。

植村が言っている「講壇の調子の衰へ」とは、まさにバクスターの時代のイングランドの状態でした。

『聖徒の永遠の休息』

ところでバクスターは当時、死を覚悟するほどの重病に悩んでいました。その時、遺書のつもりで書いたのが、前に述べた『聖徒の永遠の休息』です。この本の原書 *The Saints' Everlasting Rest* (Hodder and Stoughton, 1994)を大分前に買っていたので、興味をもってまず献呈の言葉を読みました。彼が愛したキダーミンスターの人々に捧げた本です。その献呈の言葉が書かれた日付を見て、私は目をみはりました。「一六四九年一月一五日」となっているのです。庶民院の裁判で死刑を宣告されたチャールズ一世が処刑される一五日前なのです！

一六四九年一月一日に庶民院は国王裁判所を設置しました。そのような時にバクスターはこの本で、人々に平和と一致がなにより大事である、と訴えました。彼は騒ぎを起こす非国教徒よりも、敬虔で平和を好む国教徒のほうが好ましいと断言しています。「神が最も嫌悪される罪は平和を乱すこと（unpeacefulness）である」と述べています。そしてつぎのようなことを書いているのです。

> あなたがたはお互いを愛さなければ、キリストの弟子ではありません。もしあなたがたが敵を愛することなく、あなたがたを呪う者を祝福し、あなたがたに危害を与え、迫害する者のために祈ることができなければ、あなたがたは神の子どもではありません。

あのような時期に「敵を愛することができなければ、神の子ではない」と断言することは、大変危険であったと思います。じつは私は王が処刑されたことを歴史書で読みながら、考えていたのです。「敵を愛せよ」というイエスの命令を、誰か当時の人で本気で叫んだ人はいなかったのかと。

また彼は、傲慢の罪（pride）がどんなに恐ろしい罪であるかを、ここでも力説しています。バクスターがクロムエルを評して、彼が軍人として成功し、プライドが高くなったときに彼は堕落した、と述べたことはすでに紹介しました。人々に高く評価されることを愛することは、人間を堕落させる誘惑だ、というのです。そして悲痛な叫びをあげています。

　あー哀れなイギリスよ、無恥な狂信者たちによってこの国はなんと情けない状態に陥ったのか！　あなたがたの誰かが真理からそれるとすれば、それは最も傲慢な人々、自分たちの意見に反対されることを我慢できない人々、他人を中傷する人々である。

「無恥な狂信者たち」とは、クロムエルとその仲間の者たちのことです。スザンナはバクスターを知っていたので、彼女がこのようなバクスターの叫びを読むと、彼の声が響いてきたはずです。ところで一六六〇年に王政復古が起こるや、バクスターは非国教徒的な意見を書いた著書のゆえに、一六八五年には入獄するという苦難を味わいました。彼は二〇〇冊ほどの本を書き、そのなかで『未回心の人々への呼びかけ』は、伝道用の本として一番多く読まれました。

ダニエル・デフォーが見たサムエル・アンスリー牧師

スザンナの父の教会員の一人に、有名な『ロビンソン・クルーソー』の著者であるダニエル・デフォー（Daniel Defoe, 1660?-1731）がいました。彼は、スザンナより九歳ぐらい年長で、熱心な非国教徒を父に持ち、自分も牧師になりたいと一時思ったことがあるのですが、時代の動きを鋭くとらえて、それを文章にする才に恵まれていたので、五〇〇ほどの著作を世に送り、英国最初のジャーナリストになりました。

セント・ヘレン教会の会堂でスザンナが静かに父の説教に耳をかたむけていたとき、デフォーは、彼なりにこの牧師を観察し、このアンスリー牧師に深い愛情を感じていました。牧師が亡くなった一六九六年に敬愛をこめてこの牧師について一文を草し、その文の序として一つの詩をかかげて、

ダニエル・デフォー

スザンナの父をたたえました。それを今読みますと、この牧師の面影が眼に浮ぶようです。

それによると、この牧師の説教は、聞くものの心を感動させ、何時間聞いても飽きることがなく、その深い敬虔さで信者を魅了したとのことです。またこの牧師の魅力の秘密は、彼の言葉が空疎な言葉でなく、自らの実行を伴って語られたことにあったので、彼の真実なハートは、聞く者の心に迫力をもって訴えました。「彼の行為

と言葉とは、つねに正しく一致していたので、その調和にわれわれは驚くのみであった」とデフォーは述べています。

行いと言葉が全く一致している真実な心の魅力とデフォーが看破したことは、アンスリーの娘スザンナの人間形成の上に大きな意味を持っています。またある人は、アンスリーを評して、「人々を救わんとの燃ゆるが如き真実な愛をもった人」といっています。彼は、名を成すよりは、何の報いも求めずに、ひたすら救霊のわざに励むことを旨としていた真の牧者でした。教養の面においても、彼は幅の広い学者で、その蔵書リストを見ても、そのことが窺われるそうです。

ダニエル・デフォーについて

当時の英国の状態を知るために、ダニエル・デフォーの生きざまを考えてみましょう。ジェームズ・サザランド著『「ロビンソン・クルーソー」を書いた男の物語――ダニエル・デフォー伝』(織田稔・藤原浩一訳、ユニオンプレス)という本が、いろいろな事実を教えてくれます。

彼の父ジェームズは、獣脂ロウソクを作って売る商人でしたが、信仰が篤いキリスト教徒で、スザンナの父の教会員でした。一六六〇年ごろ、ダニエル・デフォーは生まれました。彼が三歳ぐらいのときに、彼らの家の近くに、有名な大詩人ジョン・ミルトンが移り住んできました。そして一六七四年にはかつてアンスリー牧師が牧会をしていた教会にミルトンは葬られました。

デフォーは成人したとき、ロンドンの北部にあった非国教徒のための優れた学校であるニューイントン・グリーン・アカデミーに入学しました。当時非国教徒はオックスフォードやケンブリッジに入学しても、卒業することが許されていなかったからです。じつはスザンナの夫となるサムエルも、この学校で学んだのです。そこで彼らはラテン語、ギリシャ語、論理学、哲学、歴史、地理や政治学を学んだのです。この学校はオックスフォードやケンブリッジに負けないほどの学力をつけるアカデミーでした。

『ロビンソン・クルーソー』

デフォーは、六〇歳近くになっていた一七一九年に刊行した『ロビンソン・クルーソー』で、一躍有名になりました。この作品は、セルカークという実在の人物が無人島におきざりにされて四年間を過ごした事実に触発されて書いたものですが、クルーソーが無人島で二八年二か月と一九日を過ごした状況を、驚くほどリアルに描いたものです。難破船から持ち帰った道具、材料を用いて、革衣などを作り、たまたま手に入れた穀物の種を増やして、自給自足の生活をします。

彼の逞しい精神力によって支えられた生き方は、多くの読者を感動させてきたのですが、とくに経済史家たちの関心を引いてきました。日本の偉大な経済学者である大塚久雄氏は、『社会科学における人間』（岩波新書）の第一章「『ロビンソン物語』に見られる人間類型」につぎのように述べています。一四世紀後半から一五世紀にかけて、都市の手工業者たちは農村地帯に移動し、そこに新しい近代的工業都市が生まれたのです。そこでは、さまざまな工業生産者たちが堅実に日々の営みを続けていました。大塚氏は彼らを「中産的生産者層」と呼んでおり、一七六〇年代から始まる産業革命を準備したのは、まさに彼らであったのです。デフォーは、彼らの生活の実態を熟知していたので、それを社会的モデルとして、孤島におけるロビンソンの生き方を描いたのだと言うのです。

この物語の冒頭で、ロビンソンは、兄のように海外に出て、冒険商人的なひと儲けをしたい、と父に話すと、父は厳しくそれを戒めて言います。「そういういちかばちかの幸運をねらうと、ひどい目にあうことになる。このイングランドにとどまって、あの中流身分の人々（middle station of life）のような生活を続けていくのが一番よい」と。そして続けます。「中流の人々はイギリス国民の背骨で、このイギリス国を背負っている一番大切な人々なんだ」。この「中流の人々」とは、大塚氏が言う「中産的生産者層」のことなのです。

無人島につくや、ロビンソンは無事であることを神に感謝し、父に背いたことを悔い改めて、イギリスの中流身分の人々のような堅実な生活を始める決意をします。この「堅実な生活」とは、彼にとってピューリタン的な生き方を意味したのです。

第3章　夫サムエル・ウェスレーとの出会い

一二歳のスザンナ

父の血筋を引いたスザンナは、驚くほどの知性を持った少女で、幼いときから、独自に物を考え、自主的に判断する成熟さに恵まれていました。聖書や、さまざまな書物を読むとき、疑問に思うことがあれば、彼女はそれを記憶し、納得のゆく答えを見出すまでは満足しませんでした。父の説教を聞くときも同じです。非国教徒の指導者である父は、国教会をきびしく批判し、非国教派である自分の立場を正しいとする論をつねに述べていたのですが、スザンナは、父の説を鵜呑みにはしませんでした。彼女は、キリスト教徒が二つの派に分裂し、いがみ合っている状況を見て、その小さな胸を痛めていたと思います。そのとき彼女は、わずか一二歳の少女であったのですが、キリスト教会の重荷を自分の両肩に担っているような責任感をもって、この対立を直視していたのでしょう。

すでに述べたように、一六四九年にクロムエルを指導者とした庶民院の裁判で、チャールズ一世は死刑に処せられました。このとき、父のサムエルは、この王を批判していたにもかかわらず、「その忌まわしい殺人」を憎んだのです。このことを父から聞かされていたスザンナは、父のように非国教派でいることが正しいのか、国教会に戻るのが正しいのかを真剣に日夜考えあぐねたと思われます。さまざまな書物を参考にして、苦しい煩悶の日々をすごしたあとで、彼女は国教会の伝統に基づく秩序と穏健さを重んじて、父に背いて国教会に戻る決意をし、その理由を箇条書に書き残しました。残念ながらその文書は牧師館の火事で焼けてしまいましたが、もし残っていれば、一二歳の彼女が、どれほど成熟した知性の持ち主であったかを示すよい例になったと思われます。

非国教徒の牙城であったセント・ヘレン教会の牧師の娘であるスザンナにとって、このような決意は、彼女に大きな孤独と疎外感を与えたことでしょう。彼女の心には、大人たちの想像を絶した憂愁が満ちていたはずです。少女らしい無邪気な幸福は、彼女には無縁なものに思われました。彼女にとって辛かったことは、国教会に戻るという彼女の決断について、心を打ち明けて語る人がいなかったということでした。

夫サムエルとの出会い

ところがある日、サムエル・ウェスレーという名の一八歳の青年が、セント・ヘレン教会を訪れました。彼の友人のジョン・ダントンという青年が、スザンナの姉のエリザベスと結婚式をそこで挙げたからです。詩才に富んでいたサムエルは、二人を祝福する詩を書いて朗読しました。これが、サムエルとスザンナの最初の出会いであったと思われます。

サムエルは真剣なまなざしをもった、将来有為な若者でした。このサムエル青年の父ジョンは、非国教徒としての信念を貫いて三回も投獄され、四度目の投獄のとき、四二歳の若さで病死しました。不衛生な牢獄の冷たい床で寝たのが原因でした。その息子であるサムエルは、先に述べたように、非国教徒の大学であるニューイントン・グリーン・アカデミーに入学し、ダニエル・デフォーと同窓でした。

ところが、このサムエルの心の中にも、スザンナと同じ疑問が湧いていたのです。国教会に戻るべきではないか、ということです。少女のスザンナのなかに、自分を理解してくれる知性を見てとったサムエルは、彼女に心を開いて、自分のとるべき道について語り合いました。好意を持っている青年が、自分と同じ問題で悩んでいると知ったときのスザンナの驚きと喜びは、どんなに大きかったことでしょうか。自分の心の最も深いところを相手と共有することの出来る男性を見出して、スザンナは、深い感激を味わい、サムエルにこう書き送りました。

> 私は既に歴史的伝統による一つの教会を信じ、良心と理性の命じるところに従って、両親の信仰と意志に背き、耐え難い痛みを感じますが、国教会に復帰することに決心しています……それゆえ、サムエルさま、国教会に復帰することによって生じるいろいろの心配なことは、ただ神の国とその義を求めることによって解決されることを信じて、つゆ疑いません。

スザンナが国教会に戻ることで悩んでいたとき、彼女は、もう一つの問題を抱えていました。それはソッツィーニ的異端と言われる思想にとりつかれていたことです。この異端の特徴は、理性によってキリスト教を理解しようとすることでした。合理的に思われない三位一体説を否定し、父なる神しか信じなかったのです。現在のユニテリアンの思想に似たものです。何事も理性的につきつめて考えるスザンナが誘惑されやすい思想でした。

この問題について彼女がサムエルに打ち明けると、彼は、それが間違った思想であることを説明して、彼女を納得させました。じつは、彼は当時問題になっていたこの異端思想について深く学び、論文を書いていたのです。

サムエルの国教会への復帰とオックスフォード大学への転学

サムエル・ウェスレーは、このようにスザンナとの交わりを通して、父に背いて国教会に戻る決意を固めたのではないでしょうか。早速、ニューイントン・グリーン・アカデミーを退学して、国教会派の名門であるオックスフォードのエクセター・カレッジに転学することにしたのですが、母親を動顚させてはいけないので、ある日荷物をまとめてこっそり家出をして大学を訪れたのです。

こうなると、経済的援助の道が絶たれたので、サムエルは、苦学しながら勉学に励みました。同じ寮の学生の靴を磨いたり、使い走りをして学費を捻出したのです。それでも書籍代やいろいろ費用がいるので、いままで書いた詩を本にして、原稿料を稼ぎました。彼は堅苦しい人間ではなく、ユーモアと詩人的才能を持った青年でしたので、『詩集マゴット――未だ何人も取扱わざりし題目についての詩』という本です。「豚の鳴き声」「牝牛の尻尾」などの詩が入っているこの本を読んだ『ガリヴァー旅行記』の著者ジョナサン・スウィフトが、これらの詩について皮肉たっぷりな批評を書いたと伝えられています。

ユーモアとともに、優しい隣人愛に満ちた心をサムエルは持っていました。彼は、オックスフォード在学中、近くの監獄を訪れています。後年、チャールズが、オックスフォード大学で数名の友人たちと神聖クラブを作り、兄のジョンとともに囚人を訪問したことを思いあわせると、興味のあることです。

一九六三年に、たまたまサムエルの在学中の手紙が発見されました。これを読むと、彼の愛情深い性格がよく分かります。貧書生のサムエルは、あるこの上もなく寒い朝、空腹をかかえてオックスフォードの町を歩いていました。ろくに肉も食べられない日がつづいており、ポケットには、わずか二セントの金しかありません。ところが、彼は、道ばたに、七、八歳の男の子が倒れているのを発見しました。飢えと寒さで動けなくなっていたのです。事情を聞いてみると、母親は数年前に死に、二日前に父も死んでしまい、一〇歳の姉と二人だけが残されたというのです。その朝、二人別々に物乞いに出かけたところ、あまりの空腹のため歩けなくなった、とぽつりぽつりと身の上を話したのです。サムエルは、ポケットに手を入れて、なけなしの有り金全部をさしだし、その子どもに与えました。その男の子の顔はパッと明るくなり、「パンを買って姉と食べます」と礼を述べて、町に飛んでいった、というのです。彼は、自分が、その貧しい姉と弟に小さい親切ができたことが嬉しくてたまらず、その話を手紙に細かく記したのでした。ところで彼が大学に帰ってみると、親戚の人が五シリングを贈ってくれたことが分かりました。また母親から心尽くしのチーズも届いていたのです。

ところが、しばらくすると、彼は寮費を払うことができないほど困窮し、大学を退学するしかないと思い、オックスフォードに別れを告げる悲しみを詩に書きました。それをうっかりして友人から借りた本に入れたまま返却したのです。その詩を発見して読んだ友人は、心の優しい人でしたので、深くサムエルに同情して、自分で彼の寮費を払っただけでなく、学年が下の友人たちに呼びかけて、サムエルを個人指導をする教師として雇うように働きかけてくれました。そのおかげで彼は一六八八年に無事大学を卒業することができました。

サムエル、スザンナと結婚する

サムエルが相思相愛のスザンナと結婚したのは、一六八八年一一月一一日で、サムエルが二六歳、スザンナが一九歳のときでした。当時サムエルは、ロンドン郊外ホルボンの副牧師でした。少壮気鋭の青年牧師と、まれにみる知性に恵まれた美しい花嫁を、人々は祝福せずにはいられませんでした。何ごとかが、この二人の結婚から起こることを予感した人もいたことでしょうが、彼らの二人の息子が、イギリスのキリスト教界、いや世界のキリスト教界の運命を変える人物になろうとは、想像することさえできなかったでしょう。

スザンナの花嫁姿がどのように素晴らしかったか、は伝えられていませんが、彼女の伝記を書いたアーノルド・ダリモアによると、彼女の一人の姉を描いた文章が残っているので、きっとスザンナも、それに似た容姿であったと思われます。「背は高く、美しい顔つきで、髪はくり色、目は黒みがかっており、小さな口は愛らしく、どこか哀愁と優しさをただよわせており、首は長くて優美であり、手は白くて、顔色は晴れやか」であったそうです。当時の有名な画家であったピーター・レーリー卿がスザンナの姉ジュディスの美しい肖像画を描いたのですが、この二人の姉妹を知っていた人は「ジュディスはきれいだが、ウェスレー夫人にはとてもおよばない」と述べたそうです。

結婚の翌年の一六九〇年に、この新婚の夫妻は、サウス・オルムスビーという二六〇戸の小教区に赴任しました。ここでの六年間の教会生活の間に、七人の子どものうち三人を失うという悲しみをスザンナは経験したのです。

若き日のスザンナ

この教区へ赴任できたのは、この地方での顔役のノルマンビー侯がサムエル・ウェスレーを推薦したからです。ところが、この恩人が道を外れていると思ったとき、サムエルは、敢然として侯爵の非を責めた、という事件が起こりました。息子のジョンの手記によると、この侯爵は、サウス・オルムスビーに家を持ち、そこに愛人が住んでいました。この女性は、牧師夫人であるスザンナにとり入ろうとさまざまな手段を講じたので、スザンナは、ほとほと手を焼いていました。ある日、この女性が牧師の留守に、スザンナを訪ねてきて、部屋に座っているのを、たまたま帰宅したサムエルが見つけました。彼は怒って、その女性を部屋からつまみだし、侯爵の不道徳を決して許さぬことを行動で示しました。案の定、この話を聞いて怒った侯爵は、サムエルの牧師職を一時取り上げるという挙に出るほどの立腹のしようでした。妻子を路頭に迷わせるかもしれない危険を犯しても、権力者の愛人に毅然とした態度を示したことを、息子のジョンは、いかにも父らしいと思って書き残しました。ところで後年になって判明したことですが、ノルマンビー侯と思ったのはジョンの思いちがいで、その地方の有力者マッシィングバード家の一員についての話であるとのことです。

エプワース教区に移る

この思い出深い教区をあとにして、一六九七年にサムエルは、妻と四人の子どもをつれて、次の任地エプワースに移りました。ここは、彼が三八年間腰をすえて牧会することになる教区です。二千人の人口をもつこの教区のセント・アンドリューズ教会とその牧師館は、一八世紀の英国の精神的危機を救った霊的革命の発祥地となりました。

ところで、この牧師館での生活は、苦難の連続でした。大きな部屋が七室、三千坪の農地つきと聞けば、生活は楽であったかと思われるでしょうが、じつは、その日のパンを心配しなければならない貧しい生活がつづいたのです。スザンナは多産系で、一九人の子どもを生みました。そのうち九人を失い、息子三人、娘七人だけが成人しました。次男のジョンは一五番目、賛美歌作家のチャールズは一八番目です。

エプワースの牧師館での生活は、生活苦に加えて、教区民の迫害によって苦難に満ちたものでした。就任後一年もたたないうちに、納屋、農具、収獲物一切を入れる倉庫が大風で壊れました。一七〇二年には、放火で家屋の三分の二が焼け落ち、その二年後には、麻の収獲全部が放火のために焼けるという悲しい事件が起こりました。この地方の農民は、国教会に反対する独立派の勢力が強く、国教会派の牧師と政治上、信仰上の立場が違ったので、牧師館に何度も火をつけて反抗を示したのです。とくに、一七〇五年は、両派の運命を決する総選挙の年であったので、サムエルが選挙のため家を留守にした数日、牧師館は教区民の攻撃の的となりました。その様子を彼は手紙にこう書いています。

一七〇五年六月七日。エプワースにて。

私は、五月二九日水曜日、投票のためリンカーンに出張していました。選挙は三〇日水曜日に始まったのです。ところで村の人々は、三週間も家内が病床にあるというのに、その窓下で夜のふけるまで太鼓を叩き、ピストルや銃を放って騒ぎ続けました。私は、牧師館の向かい側に住んでいる乳母に、赤ん坊を託して旅に出たのですが、この騒ぎのため、乳母は、夜中の一時、二時まで眠ることができなかったのです。暴れる連中が立ち去ってから、乳母は前後もしらず眠りこけ、ついに赤ん坊を窒息させてしまいました。眼がさめたとき、乳母は、その子の息が絶えているのを知って、驚きのあまり気が狂ったように赤ん坊をかかえてわが家に走りこみ、召し使いの腕の中にその子を投げこみました。召し使いは、赤ん坊を眠っている妻のふところに入れて温めようとしたのですが、すでに死んで、冷たくなっていたのです。

妻は落ち着いて、少しもとりみだすことなく、その日その赤ん坊を墓地に埋葬しました。

この窒息死した赤ん坊の性別も名前も分かっていません。この悲しい事件の前の年、長男サムエルは、ウェストミンスター・スクールに入学していたので、家の経済は苦しくなる一方でした。ついに、この赤ん坊の事故死の翌年の一七〇六年に、父サムエルは、負債のゆえにリンカーン刑務所に入れられるという事態になりました。借金のためとはいえ、牧師が入獄するということは異常な出来事でした。この牧師に悪意を持っていた人物が、わずかの借金でサムエルが入獄するように仕組んだのでした。このような状況において、スザンナが神に必死に救いを求めたことは、想像するにかたくありません。

ところで、信仰によって不屈な魂を持っていたサムエルは、同じく監獄に入れられている者のために、真剣に伝道を始めました。朝夕彼らのために祈り、日曜の午後説教をし、彼らの一人一人をよく理解しようと努めました。さらに、ロンドンに手紙を書いて、受刑者に伝道用の本を送ってくれるよう頼みました。

一方、留守宅の方では、夜中に乱暴者が押し入り、牛舎の家畜を殺すという狼籍を働いたので、幼児のミルクにも困る有様でした。しかし、このような苦難のただなかにあっても、この夫妻は、この地を去ることは考えませんでした。

それから三年後の一七〇九年の二月九日に、ウェスレー家にとって忘れることのできない事件が起こりました。夜半の放火によって牧師館が全焼したのです。サムエルと妻は、子ども八人を無事に救い出したと思ったところ、五歳のジョンが火に包まれている家の高い窓で泣き叫んでいるではありませんか。助けるすべがないと人々が絶望していると、数名の男たちが人梯子を作って、彼をやっと救い出しました。夫妻は、この奇跡に涙を流し、この息子に神の御手のつけられていることを信じて、彼を神に捧げるべく祈りました。

第4章　夫と妻

ウィリアム三世をめぐる夫婦の争い

スザンナは、息子のジョンに与えた手紙の中に、「あなたの父と母の意見がひどく合わないのは、私の家庭にとって、とても不幸なことです」と書いています。夫のサムエルは、伝記の著者たちに、いろいろと悪評をこうむっていますが、彼は彼なりに、すばらしい学者であり、詩作の才能があり、熱心な牧師、伝道者であったのですが、妻は、まじめ一方の性格で、詩人肌の夫のユーモアに満ちた性格の良さを充分に理解しなかったようです。母に似て、何でも理詰めに考えるジョンを評して、ある日サムエルは妻にこう述べました。「ジョンは、生理的要求に答える（トイレにゆく）にも、いちいち理由をうんぬんするだろうな！」と。日常に出会うささいなことにも、真剣に取り組むスザンナの姿が息子にそのまま表れているのをこのように評して大笑いしたサムエルは、根っからの好人物でしたが、自分の信念は正しいという強固な態度を持ちつづけたので、しばしば妻と衝突しました。あわや離婚、という事態にたち至ったことがあります。それは、一七〇二年のことで、新しいイギリス王のウィリアム三世をめぐってでした。この間の事情を説明するため、イギリスの歴史を見てみましょう。

一七世紀の中期のイギリスは、ピューリタン革命という内戦を経験したことはすでに述べました。専制的な王党派と、それに対立した議会派との争いでした。議会派は、一六四九年には、チャールズ一世を処刑するということを敢えてしたのですが、一六六〇年の王政復古によって、事態は逆転し、チャールズ二世の復位につづいて、ジェームズ二世の治世となりました。この王は一六六〇年に結婚して、メアリーとアンという娘が生まれました。

ところで一六六九年にジェームズ二世はカトリックを支持することを表明し、議会を無視した圧政を行いました。その王の二度目の妃に初めての息子が生まれたのが一六八八年です。それに恐怖を感じたのが議会の面々です。この事実によって次の王がカトリックになり、プロテスタントが迫害されるかもしれない、何か手を打たねば、と考えて思い切って取った手段が名誉革命と呼ばれる大変化です。議会派は、ジェームズ二世を追放し、プロテスタントのオランダ総督オレンジ公ウィリアムを迎えて、ウィリアム三世として英国王に擁立しました。彼は、ジェームズ二世の娘でプロテスタントのメアリーと結婚していたので、英国を共同統治することになったのです。それは、一六八九年から五年つづきました。

さて、一七〇二年の初めのことです。夫のサムエルは、日毎の祈りにこのウィリアム三世に神の祝福を祈ったのですが、妻は、これに対して「アーメン」を唱えません。それが一度や二度でなく、毎日のように繰り返されるので、サムエルは不思議に思ってスザンナに問いただすと、彼女は表情をこわばらせて、真剣な眼差しで、こう答えるのです。「私は、このオランダ総督を、イギリスの正統な王としてどうしても認めることができないので、王のために祈ることはできません」と。サムエルは、この王の正統性を言ってきかせるのですが、彼女はどうしても納得しません。かねがね妻の強引さに夫として手を焼いていたサムエルは、この事件で怒りを爆発させ、教会の会議でロンドンに出かけたまま、五か月近く別居という事態になりました。一七〇二年三月八日に王が死去して、やっとのことでサムエルは帰宅したのです。ジョンが生まれたのは、その翌年の一七〇三年でした。

ところで、このエピソードを後世に伝えたのはジョンですが、ある点については、ジョンの思い違いであることが、一九五三年に発見されたスザンナの四通の手紙で明らかになりました。ウィリアム三世の死は一七〇二年三月八日で、この王の死によっても、夫婦の和解はできず、夫は、一度帰宅したのですが、また四月五日に家を出て、ロンドンに向かっています。その間妻は、夫に対する義務と、自分の政治的信念との板ばさみになって、離婚を考えるほどに苦しみ、二人の人に合計四通の手紙を書いて相談しています。七月の末に、その一人のヒックス博士という有名な歴史家に書いている手紙によると、一度帰宅して、また家を出たサムエルは、途中である牧師に出会い、家出の事情を話したところが、その牧師に説得されて帰宅したというのです。

なぜスザンナは、そのように執拗にウィリアム三世を正式な王と認めなかったのでしょうか。彼女は王権神授説を信じていました。神から授けられる権威によって王とならねば、正当な王と認めることはできない、外国人であるウィリアム三世は、王ではない、と信じていたのです。

スザンナのようにウィリアム三世を王として認めず、彼に忠節を誓うことを拒否した人々を臣従拒誓者（non-juror）と言います。当時カンタベリー大主教のウィリアム・サンクロフトら七人の主教と四〇〇人の国教会の司祭たちがウィリアム三世を認めないという理由で、職を追われたのです。彼らは、職を賭してまで、自分の信念を貫いたのです。

ジョン・ロック、名誉革命を理論的に正当化した

ところで、多くの臣従拒誓者たちが本気で王権神授説を信じていたのに反して、その説を批判して、名誉革命を理論的に正当化したのが当時の優れた哲学者であったジョン・ロック（一六三二―一七〇四）でした。彼は王権に対する政治上、また信教の自由を論じていたので、王からの迫害を恐れて一六八三年にオランダに亡命し、名誉革命が起こった翌年に帰国して『統治二論』などを出版しました。スザンナはロックを尊敬して、彼女が書いたものにロックに関する言及が多いのですが、『教育論』や『人間知性論』は読んでも、政治に関する本は読まなかったか、または、読んでも同調しなかったのでしょう。

スザンナのミニ・スクール

スザンナのミニ・スクールについて述べる前に、彼女の子どもたちの一覧表を載せます。この表はレベカ・ラマー・ハルモン夫人の『スザンナ――ウェスレー家の母』（Abingdon Press, 1978）の

スザンナ・ウェスレーの家族表

	名前	誕生地	生没年	没年齢
父	サムエル・ウェスレー Samuel Wesley	フィットチャーチ	1662-1735	72
母	スザンナ Susanna	ロンドン	1669-1742	73
1	サムエル Samuel, Jr.	ロンドン	1690-1739	49
2	スザンナ Susanna	サウス・オルムスビー	1692-1693	幼児
3	エミリア（ハーパー） Emilia (Harper)	サウス・オルムスビー	1692-1771	79
4 & 5	アンスリー Annesley	サウス・オルムスビー	1694	乳児
	ジェデダイア Judediah	サウス・オルムスビー	1694	乳児
6	スザンナ（エリソン） Susanna (Ellison)	サウス・オルムスビー	1695-1764	69
7	メアリー（ホワイトラム） Mary (Whitelamb)	サウス・オルムスビー	1696-1734	38
8	メヘタベル（ライト） Mehetabel (Wright)	エプワース	1697-1750	53
9	性別不明	エプワース	1698	乳児
10	ジョン John	エプワース	1699	乳児
11	ベンジャミン Benjamin	エプワース	1700	乳児
12 & 13	名前不明の双子	エプワース	1701	乳児
14	アン（ランバート） Anne (Lambert)	エプワース	1701-？	？
15	ジョン John	エプワース	1703-1791	87
16	乳母が窒息死させた息子	エプワース	1705	乳児
17	マーサ（ホール） Martha (Hall)	エプワース	1706-1791	85
18	チャールズ Charles	エプワース	1707-1788	80
19	ケザイア Kezziah	エプワース	1709-1741	32

巻頭にある表を参考にしたものです。

夫との深刻な対立の年であった一七〇二年に、スザンナは、牧師館で自分の子どもたちのための学校を始めました。夫婦喧嘩の結果として、夫は五か月留守をして帰宅したのです。その苦しい留守の間に、スザンナは、子どもの教育のために何かをしなければならぬと決意したのでしょう。子どもたちは五歳になった日から、母が初等教育をさずけました。

牧師夫人としての責任に加えて、大家族の家事をとりしきり、牧師館の三千坪の農園の管理に追われていた貧しい夫人が、弱い身体にむちうって、朝の九時から一二時まで、午後の二時から五時までの六時間、日曜を除いて毎日子どもに教育した、ということは、信じ難いことです。

ところで、牧師館は、さぞかし子どもたちの声で騒がしかったであろうと想像されるのですが、訪問客は、家がシーンとしていて、一〇人の子どものいる所とは思えない静かさに驚かされました。勉強部屋にあてられた部屋に、満五歳になったその日から、子どもは朝九時にノックして入ります。まず母は、アルファベットを教えますと、次に創世記第一章第一節の「はじめに神は天と地とを創造された」を綴ることを覚えます。男の子どもたちは、優秀で、母を喜ばせたのですが、記憶のよくない娘たちのときは、スザンナは、二〇回も同じことを繰り返して根気よく教える忍耐深い教師でした。

当時、少女が寄宿学校で学ぶことといえば、読み書きよりも、裁縫、ダンス、歌、手芸、料理等が主であったのですが、スザンナは、娘たちが読み書きがよくできるようになるまでは、女らしい仕事は教えませんでした。スザンナには、娘を学校に出す費用はなかったのですが、あったとしても、自分で教育した方がよかったのです。

一八世紀の有閑階級の娘たちが寄宿学校で学んだ大事な学科のひとつに「立ち居振舞い」というのがありました。どのようにしてエレガントに歩き、座り、馬車の乗り降りをするか、社交のとき、立派に振舞うかを教えたのです。要するに、表面的な優雅さを身につけることを教育と考えていたわけですので、ジョン・ウェスレーは、その有名な日記に、このような寄宿学校を評して、「高慢と虚栄と見栄の場であり、子どもを地獄に落としたい親は、その娘を派手な寄宿学校にやるとよい」と書いています。

さて、スザンナのもう一つの教育計画である子どもに対する夜の霊的カウンセリングが始められたのは、夫がロンドンに出向いていた一七一一年のときです。スザンナは夫への手紙につぎのように書きました。

毎晩できるだけ時間を作り、一人一人の子どもに、別々に話して聞かすような時間割を作りました。月曜日にはモーリー（メアリ）、火曜日にはヘティー（メヘタベル）、水曜日にはナンシー（アン）、木曜日にはジャッキー（ジョン）、金曜日にはパティー（マーサ）、土曜日にはチャールズ、日曜日にはエミリー（エミリア）とスーキ（スザンナ）に話をして聞かせることにしています。

この夜の母との語らいの時間は、子どもたちにとって楽しいものでした。多くの兄弟姉妹がいれば、母と一人でしんみり話しができ、母を独占できるのは、この時間ぐらいのものでした。ジョンは、成人して牧師として故郷を離れて牧会、伝道に忙しく従事していたとき、いつも木曜になると、母との昔の語らいの時をなつかしく思い出していたそうです。

ジョンは、ある時、母に手紙を書いて、彼女の教育方針はどのようなものであったか書き送ってほしいと頼んだので、スザンナは喜んで一文を草しました。それによると、彼女の教育の眼目は、「自己中心の意志」を無くすことであり、今日のように、成績のよい、出世する人間を育てることではありませんでした。

宗教とは、自分の意思を行うことではなく、神の意志を行うこと以外の何物でもありません。そして、現在、また永遠に人間が幸福になることをさまたげている一大障害は、この自己中心の意志なのです。これを放任しておくと、由々しい、恐るべき結果になることは、明らかです。

このような母に育てられたジョンは、後年、宗教教育の目的は「自己中心の意志、傲慢、怒り、復讐心、この世を愛することを捨て去り、神のみ旨にすべてを任せ、謙遜、柔和、神を愛することに心を向けることである」と書いています。自己中心から神中心に人間の意志が一八〇度転回すること――これこそスザンナの教育の目的でした。それゆえ、彼女にとっての喜びは、子どもたちが信仰に堅く立ち、神に仕える生涯を送ることであり、この世的な立身出世などは問題でなかったのです。

このような願いを持ったスザンナは、日常生活において躾のきびしい母でした。一歳の赤ん坊にも、彼女は、静かに泣くように教えたので、この家で、子どもの泣き声はほとんど聞こえないほどでした。子どもたちは、空腹になっても、三度の食事以外には何も与えられなかったのです。夕方五時にミニ・スクールが終わると、六時に家庭集会が行われ、家族一同が集まります。それがすむと夕食で、七時になると、召し使いが子どもたちの手足を洗い、衣服をぬがせ、八時には寝かされます。口がきけるようになると「主の祈り」を朝晩唱え、成長するにしたがって、短い祈り、聖書の一節が加えられました。このように厳格な生活に対して、子どもたちは反抗したのではないだろうかと思われそうですが、詩人肌でユーモアにあふれた父と、スザンナの平安に満ちた眼差しのおかげで、子どもたちは、のびのびと成長しました。

スザンナ、夕拝でメッセージを語る

もうひとつの出来事は、一七一一年から翌年にかけた冬に起こりました。サムエルは、ロンドンで教会の聖職会議が行われ、それに参加するために家を留守にし、副牧師のインマンに、聖日の朝礼の説教を頼みました。ところが、彼の説教は、力のない、たんなる倫理的なお勧めであったので、彼女は霊的に渇いていたのです。ところがある日、娘のエミリアが父の書斎で、デンマークの二人

エプワースの牧師館で集会を行うスザンナ

の宣教師の献身的なインド伝道の記録を見つけ、それを母のスザンナに手渡しました。スザンナはそれを読んで、心の底にまでしみ込む感動を味わったのです。数日それらの宣教師のことのみを考えて過ごすほどの深い感激を自分一人の心にしまっておくことができず、日曜日の夜、牧師館の台所で夕拝のとき子どもたちや召し使いに話をしたところが、彼らはたいへん喜び、次の日曜の夜に話してくれるよう頼み、その噂が広まり、ついに三〇〇近くの人が彼女の話を聞きに集まったので、大きなホールに場所を変えることになりました。たぶん教会に集まったのでしょう。村人たちは、副牧師のつまらない説教にあきあきしていたので、朝の礼拝ではなく、スザンナがメッセージを述べる夕拝にいそいそと集まったのです。

当時、女性が説教するなどということは、途方もないことと思われていたうえに、自分の聴衆が減ったことに腹を立てた副牧師は、ロンドンにいるサムエルに、このことを通報しますと、夫は、早速妻を諫めるきびしい手紙を書きました。
これを読んだスザンナは、夫が自分のしたことを少しも理解してくれないことに対して、深い悲しみを味わったのですが、是が非でも夫を説得しようと、祈りを込めて返事を二月六日付で書きました。この手紙の現物は失われており、何種類かのバージョンがあります。ジョン・ウェスレーの一七四二年八月一日付の日記に、彼はこの手紙を書き写しています。じつは彼は九歳のときに、母親のこの夕拝に出席していたのです。きっと深い感動を味わったことでしょう。スザンナはその手紙でつぎのように述べています。

私は男子でも、教役者でもありません。けれども、もしも私の全精神が真実に神様に捧げられており、また私が神様の栄光を現したいという熱い思いにかられているならば、今自分がしていることは、余りに生ぬるいのです。もっと大きなことができるはずだと思うようになったのです。私は、彼らのためにもっと熱心に祈ることができますし、また私と言葉を交す人々に、もっと温かい愛情を持って話すことができるはずだと考えるようになりました。……全能のよい神について語る幸福と特権を有している者たちは、女性であるという理由を持って、全世界に対して、自らの信仰を語ることを恥じる必要は全然ないと思っています。

このような毅然とした妻の態度に、夫はついに折れて、スザンナが公衆の前で話すことを認めました。

トランクエバーで伝道した二人の宣教師

私がこの出来事を知ったのは三十数年前でした。そのときから、私はスザンナを感激させた二人の宣教師のことを、もっと詳しく知りたいと願っていました。その願いがついに叶えられました。スザンナの書いたもので手にはいるものをすべて集めた素晴らしい本が、一九九七年にオックスフォード大学から出版されました。『スザンナ・ウェスレー全文書』(*Suzanna Wesley The Complete Writings* ed. by Charles Wallace Jr.) です。その編者であるチャールズ・ワレイス氏は、スザンナの手紙や文書に驚くほど詳しい注をつけています。スザンナが感激した宣教師たちについて書かれた文書の注を紹介します。

一七〇一年に英国国教会が、北米に伝道する目的で福音伝道協会 (the Society for the Propagation of the Gospel) という会を設立しました。それに刺激を受けたデンマーク王が、二人の宣教師 (Heinrich Pluetschau と Bartholomäus Ziegenbalg) をインドのトランクエバー (Tranquebar) に派遣したのです。彼らの伝道報告書が一七〇九年に英訳されて福音伝道協会に送られるや、協会は五〇〇部を買って配布しました。サムエルはこの協会の熱心な支持者であったので、彼のところにも送られてきました。翌年にはその第二次報告書が出版されたので、その最初の報告書、もしかして二回目の報告書もエミリアが見つけてスザンナに渡したかもしれません。

この報告書を読んでスザンナがどれほど興奮したかを、彼女はこの二月六日付の手紙に「数日の間、私はそのことのみを考え、ほかのことを話す気にはなりませんでした」と書いています。普通の人であれば、「ああ、これはいい話だな。偉い宣教師たちだな」と読んだときは感動しても、すぐ忘れてしまうでしょう。しかし彼女は、感動すると、それがじつに強烈で、長く持続し、行動にまで彼女をかりたてたのです。私は、このような彼女の姿に、彼女の真骨頂を見出します。

トランクエバーとはインドのどこにある町かをネットで調べてみましたら、いろいろ興味深いことを発見しました。この町はインドの東海岸にあり、一六二〇年から一八四五年までデンマークが植民地として支配していました。一七〇五年に前述の二人の宣教師がこの町でキリスト教の宣教に励みました。

ネットによれば、二人はルター派のドイツ人であったそうです。彼らは土地の言葉であるタミール語を習得して聖書をタミール語に翻訳するという難事業に成功しました。最初はインドの人々にキリスト教のメッセージを伝えることに大変苦労していたのですが、その努力が実って、マドラスやその近辺に福音が広がっていったのです。また彼らは、印刷機を手にいれて多くのタミール語の本を印刷しました。きっとキリスト教を伝えるための本を印刷したのでしょう。この二人の宣教師は、このような働きについて詳しい報告を書いたのでしょう。スザンナが感動した報告書の内容がこれだけ詳しく分かったのは嬉しいことです。

再び二月六日付の手紙に戻ります。彼女は、その夕べの集いに二〇〇人から三〇〇人の人々が集まった、と書いています。それらの出席者の多くの人々は、スザンナの話を聞いて教会に対する態度が変わりました。日曜日に道で遊んでいた人たちが喜んで礼拝に出席するようになり、ある人は七年間も教会から遠ざかっていたのに、いそいそと礼拝に集うようになった、というのです。そのような人を迎えたときの彼女の笑顔が想像できます。

ジョージ・ハーバートの詩

この手紙にスザンナは、彼女が特別に愛した詩人ジョージ・ハーバードの詩の数行を引用しています。まず原文で紹介します。

Only, since God doth often make
Of lowly matter, for high uses meet,
　　I throw me at His feet;
There will I lie until my Maker seek
For some mean stuff whereon to
Show His skill;
Then is my time.

ただ、神はしばしばみすぼらしい材料を
高貴な目的のために用いたまいます。
　私は主のみ足もとにひれ伏します。

そこで私は、私の創造主が
そのみ業を現すために
粗末な材料を探されるのを待ちます。
それこそ私の時です。

これはハーバートの『聖堂』*The Temple*という詩集の「教会」"The Church"の「司祭であること」"The Priesthood"という詩から引用されたものです。優れた詩人であったハーバートは、自分はみじめな人間ですが、神がみ業を現すために粗末な材料をお用いになるから、神が自分を用いてくださる時を待ちます、と詩に書きました。これは彼の本音でした。

スザンナも、自分はまことにみすぼらしい人間であるが、神様が自分を用いてみ業を現してくださると信じていたので、この詩を読んで深い慰めと励ましを感じていたのでしょう。私は彼女は稀有な優れた女性と思い、知れば知るほど驚きが増しているのですが、彼女は自分が「みすぼらしい材料」「粗末な材料」と本気で思っていたようです。ハーバートのことは、第7章で詳しく述べます。

スザンナの夫に対する信頼

このようにこの夫婦のことを見てきますと、スザンナが夫を尊敬していないように思われますが、そうでなかったことが、次の手紙によって明らかです。一七二二年に彼女は身内の者にあてて書いています。

彼のように頭脳明晰で、学識があり、教会に関する有用な知識を持っている人間が、辺鄙な田舎に閉じ込められているとは、何と悲しいことでしょうか！　ここでは彼の才能は全然人目につかずに、埋められています。彼には向かない生き方をしいられているのです。

彼女がこの手紙を書いたのは、エプワースに着任してから二五年目の年でした。夫サムエルは、天に召された一七三五年まで三八年間、田舎の牧師として奉仕したのです。

彼が優れた学者であったことは、一六九一年から当時注目を集めていた雑誌*Athenian Mercury*の共同編集者になったことでも明らかです。この雑誌には『ロビンソン・クルーソー』の著者のダニエル・デフォーや、『ガリヴァー旅行記』を書いたジョナサン・スウィフトが寄稿していました。文学、歴史、科学や哲学の分野にわたるさまざまな質問に答える雑誌で、サムエルは詩、神学と教会史の分野の問いに答える役目を負っていました。この雑誌は短命でしたが、約四十年後に有名な詩人ポウプがスウィフトに手紙を書いたのです。「サムエル・ウェスレーが書いている優れたヨブ記解説の本の予約を牧師たちからとって欲しい。サムエルは素晴らしい学者である」という手紙です。このヨブ記解説の本は、サムエルの死後、息子ジョンが刊行しました。

サムエルの古典語、つまりギリシア語、ヘブル語、ラテン語に関する知識は、まさに当代一流であったと言われます。ジョンとチャールズは父親から古典語を仕込まれたので、大学に入学したときは、すでに相当の腕前でした。ジョンは新約聖書はつねにギリシア語で読んでいました。

サムエル・ウェスレーの弟マシュー・ウェスレー

スザンナの伝記を書いたアーノルド・ダリモアは、サムエル・ウェスレーの弟マシュー・ウェスレー（Matthew Wesley）について詳しく述べています。彼がどのような教育を受けたのは分かりませんが、大学には行かなかったようです。彼は兄のサムエルと違って薬剤師で、薬を処方し、売る仕事をロンドンで行い、大いに繁盛して相当の財産を持っていました。当時の英国では、彼のような職業に携わっていた人間は、国教会の司祭であった兄よりは社会的には低い階級に属すると見なされていました。サムエルはたびたびロンドンを訪れていたので、弟の家に泊まったことも多いはずですが、そのような記録は全く残っていません。しかし、彼の娘たちは彼の家に滞在して、彼の心の込もった接待を受けていました。

一七〇九年の大火でエプワースの牧師館が燃えたとき、娘のスザンナとヘティ（メヘタベル）は一年あまりの長期にわたってマシュー叔父とその妻の家に住んで世話になっていました。この叔父は、心があたたかく、誠実な人物で、非国教徒の礼拝に出席していたのですが、彼は霊的なことより、商売が繁盛することに関心があったので、この二人の娘たちは、実家の雰囲気とは違ったものを感じたはずです。

マシューがエプワースの牧師館に兄の家族に会いに行ったのは一七三一年でした。一人の召し使いを連れて訪れたのです。そのとき彼は娘たちとは打ち解けて話しあったのですが、兄やスザンナに対しては遠慮がちな態度であったというのです。スザンナがジョンに書いた手紙によると、この叔父は、ジョンより三歳年下で、当時二五歳であったマーサがとても気にいって、一年か二年ロンドンの自分の家に滞在して欲しい、と述べたそうです。このマーサのことは第5章「長男サムエルと娘たち」のところで詳しく述べますが、あの有名は文学者であったサムエル・ジョンソン博士が、自分の家族の一人となって欲しい、と言ったほど知的で魅力のある娘でした。

さてマシューは帰宅するや、兄のサムエルをひどく叱責する手紙を送りました。サムエルは相当の収入があるはずなのに、牧師館の家具はみすぼらしく、妻や娘たちの服装は、このうえもなく粗末であるのを見て、マシューは衝撃を受け、つぎのような手紙に書いたのです。

信仰に背く者（infidel）は天国に行くことはできない。しかし背信者よりも悪い者は「自分の家族に必要なものを与えることができない者」である。「主よ、主よ」と呼ぶだけでは、天国に入ることはできない。自分の仲間の者たちに正しいことを行う者だけが天国に入ることができる。あなたはビヴェリジ神父が書いた悔い改めに関する本を何度も読んで欲しい、と。

牧師である兄に対して、これ以上激烈な批判はできないほどの手紙を書いたのです。その返信として、サムエルは長い手紙を書きました。自分をジョン・オ・スタイルス（John O'Styles）という名前の第三者にして、「ジョン・オ・スタイルスが背信者より悪い人間で、天国に行くことができない」と言われたことに対して、返答したのです。彼は自分の良心に対して、責められるはずはない。なぜなら彼の三人の息子たちに英国の最高の教育を授けており、彼らの数名のものは人の役に立つ仕事をしている、と。ここまで書いたとき、数日前から麻痺が起こっていた右手の具合が悪くて彼は書けなくなり、スザンナやジョンが代筆したというのです。

サムエルは、三人の息子たちを最高の高等学校や大学に送るのに多額の費用を支出したので、妻や娘たちはその犠牲になっていたことは確かでした。長女のエミリアがそのことで父を厳しく批判していたことは後で述べます。ウェスレー家における息子たちと娘たちの状況の差は、ほんとうに大きいものでした。ウェスレーについての書物のほとんどが娘たちに言及していないことも事実です。それゆえ、ジョンとチャールズについて述べている本だけを読んでいては、母親スザンナがどのように大きな苦悩を背負っていたかを知ることができないのです。

第5章　長男サムエルと娘たち

スザンナの母親としての苦悩について

第4章に載せたレベカ・ハルモン夫人の作成したスザンナ・ウェスレーの家族表をじっと見つめていますと、私たちは母親としての彼女がどんなに多くの試練に耐えたかを感じて、涙がにじみます。乳児、幼児のときに死亡した子どもは九人ですが、四、五番目と一二、一三番目の二組の双子が亡くなっています。一六番目の乳児は生まれてまもなく、乳母がうっかりして窒息死させた赤ん坊で、このことはすでに詳しく述べました。この悲劇の前年に生まれたのがジョンです。

本書第9章で、ヘティ（メヘタベル）が瀕死の愛する乳児にあてた詩を紹介しますが、そこに描かれている母親の苦悩をスザンナは九回経験したのです。それのみならず、成人した娘たちの不幸な結婚についても、彼女は深い悲しみを感じることが多かったのです。それではまず長男サムエルについて紹介します。

長男サムエル

長男サムエルは、弟ジョンとチャールズがあまりに有名であるので、影に隠れてしまったようですが、彼は彼なりに才能のある詩人、教師、また牧師でした。五歳になるまでよく物が言えなかったという事情があって、スザンナは彼に特別注意を払い、深い愛で彼を見守りました。ところが長じるや彼はギリシア語、ラテン語で書かれている古典に興味を示し、父からその手ほどきを受けたので、一四歳でロンドンの名門パブリックスクールであるウェストミンスター校に入学し、三年生のときには"King's Scholar"と呼ばれる優等生として奨学金を与えられました。

それからオックスフォード大学のクライスト・チャーチ校で修士号を取り、母校のウェストミンスター校の教師として二〇年勤めました。母校に帰って間もなく聖職者の資格をとりました。また彼の多くもない給与の一部を実家に送り、チャールズが自分の勤務校に入学すると、その費用を支払ったのです。ところが幸いチャールズもKing's Scholarになったので、援助する必要がなくなりました。ジョンの大学の費用もサムエルの助けによって支払われました。これだけでなく、彼は四六歳で召されるまで、しばしば実家の財政的支援をしたので、両親は彼に深い感謝を感じていました。

彼とウルスラの結婚は幸せでしたが、サムエルの兄弟姉妹は、彼女を口うるさい人と見て、敬遠することもあったのですが、彼女の協力がなければサムエルは実家に経済的支援ができなかったわけです。

サムエルはウェストミンスター校で評判のよい教師として二〇年勤めたので、そこの校長になることを願っていたのですが、込み入った政治上の理由があって、英国の最南端のデヴォンシャー州のティヴァトンにあるブロンデル・フリー校の校長になりました。亡くなるまでの七年間、左遷せられた学校で彼は経営者として、教師として力の限り働いたので、その町の人々は彼を心の底から愛し、慕ったそうです。

ところが残念なことに、彼は弟たちが命をかけて働いているメソジスト運動に関しては、初めから天に召されるまで全否定の態度を見せました。教会の外で野外説教をする、英国国教会が定めた祈禱書を使わず、自由に祈るとは何事かと彼は弟たちを激しく批判しました。「回心した」という人々が示したという異常な行動の噂が彼に届くと、彼は激しい嫌悪感を示しました。彼が住んでいたティヴァトンがロンドンから遠く離れており、弟たちの状況が噂で彼に伝えられるだけで、現状を見ることができなかったことも、彼のメソジスト運動に対する反感を増したようです。

しかし、サムエルの弟たちに対する兄弟愛にひびが入ることはありませんでした。あるときサムエルは、ジョンが無料の学校を設立したことを褒め、「炭鉱夫たちのための会堂を造ってはどうか」と述べたことがあります。

ジョンとチャールズについては別の章で述べますので、スザンナの娘たちについて書きます。

スザンナの娘たち

エミリア・ハーパー

娘たちのなかで年長のエミリアは、一六九二年にサウスオルムスビーで生まれ、七九歳で召されました。彼女は美しく、生気にあふれた女性で、きわめて聡明でした。一一歳年下のジョンと気があっており、彼は彼女のことを褒めてつぎのように述べました。「自分が知っている人のなかで、エミリアのようにジョン・ミルトンの詩をよく読んで理解している人はいない」と。ところで、母親のスザンナの文章には一度もミルトンについての言及がないことに私は気づいていましたので、娘のエミリアがミルトンの愛読者であることを知ってうれしく思います。

ところで鋭い彼女は、自分たちの生活の貧しさは、父親であるサムエルのせいである、とたびたびジョンとチャールズに手紙で訴えました。サムエルは、借金をして二度も牢獄に入れられるという経験をしています。収入は相当あったはずなのに、ヨブ記についての解説書を書くことを自分の使命と感じていたので、それに必要な書籍代や、原稿を書き写す助手に支払う費用などがかさんだのでしょうか。しかし彼女は、娘として父親に対して愛を感じており、父親が重病にかかったとき、ジョンとチャールズと一緒に父の最期までつきそって看病しました。

彼女は経済的に自立するためにリンカーンの町で家庭教師として働き、あるときはテイラー夫人の寄宿学校の経営に関わったことがあります。ところでジョンから経済的な援助を得て、ゲインズバラの町に自分の学校を開き、教育者として成功しました。

じつは彼女はロンドンの叔父マシュー・ウェスレーのところにいたとき、ジョンの教え子のレイボーンという男性と恋に落ちたのですが、長兄のサムエルがその男性の愛が本物でない、と見抜いて二人の間を引き裂きました。しかし、彼女の心には深い傷が残ったのです。そのつぎに出会った男性との交際もうまくいかず、彼女は心が重くなっていました。ところが四四歳のときに、エプワースの町の薬剤師ロバート・ハーパーと結婚することになり、ジョンが結婚式をとりおこないました。ところが数年後にハーパーは、妻の蓄えた金銭を奪って失踪してしまい、後に残された病気の幼児はまもなく亡くなるという悲劇が起こりました。父親サムエルの死後五年たったとき、ジョンはエミリアをロンドンに呼び、一緒に住むようになりました。それにしても、何という悲しい生涯であったことでしょうか。

スザンナ・エリソン

エミリアの三歳年下のスザンナの結婚も悲惨なものでした。彼女も魅力のある女性でしたが、ロンドンの叔父マシュー・ウェスレーのところに滞在していたときに、リチャード・エリソンという富裕な農場経営をしていた紳士と出会って、父母に相談せずに結婚しました。良家の出であったのですが、性質が粗野で、スザンナの繊細な心をふみにじる男性でした。子どもが四人生まれていたのですが、火災で家が燃えたあと、彼女は彼を避けるためにロンドンに子どもたちと身を隠していました。エリソンは妻子を取り戻そうとして新聞に自分の死亡通知を載せたので、妻はリンカーンシャーに出かけました。夫が生きていることを知った彼女は、すぐロンドンに戻り、二度と彼に会うことはなかったのです。

この不幸な結婚をスザンナとともに苦しんだのは、彼女の両親でした。二人はエリソンを手厳しく批判しました。ジョンとチャールズは、力を尽くして彼女を助けました。チャールズはエリソンの葬儀をつかさどり、彼が最後に悔い改めて、平安のうちに召されたことを自分の妻のサラに伝えたそうです。

メアリー・ホワイトラム

スザンナ・エリソンの一歳年下のメアリーは、赤ん坊のときにエプワースに移りました。事故で身体に障害があった彼女は、自分の弱さに苦しんでいたのですが、不思議なほどに優しい心に恵まれ、その美しい顔には、ほほえみが宿っていました。

ロマンスには無関係と思われていた彼女に、幸せが訪れました。三八歳であった一七三四年に、彼女はジョン・ホワイトラムという男性と結婚したのです。彼はウェスレー家で木を切ったり、水を汲んだりする仕事をしていたのですが、上手に字を書くので、サムエルが彼を助手として採用しました。彼の性質の良さを見込んだサムエルは、ラテン語やギリシア語を教え、一七三〇年にはオックスフォード大学に送ったのです。そこを卒業した彼は、ウルート（Wroot）教区の牧師に任命されました。サムエルは一七二四年に、ウルート教区の牧師を兼任することになり、一家はそこの牧師館に住んでいたので、サムエルたちはエプワースの牧師館に戻りました。その間にメアリーとホワイトラムの間に愛が生まれて、二人は結婚したのですが、彼女は出産の苦しみで亡くなりました。これから幸せな生涯が展開するか、と思ったときに、彼女は天国に召されたのです。

アン・ランバート

ヘティ（メヘタベル）のことは別の章で取り上げますので、アンについて述べます。ジョンの二年前に生まれたアンのことは、あまりくわしく分かりませんが、エプワースの土地測量士であったジョン・ランバートと結婚して、幸福であったようです。彼は教養のある人間で、サムエルの初期の出版物を収集して保存してくれました。ハトソィールドという町に引っ越してから、彼らの家はジョンやチャールズの憩いの場となったと言われています。

マーサ・ホール

ジョンより三歳年下のマーサは、容姿や性格や筆跡までジョンによく似ていたそうで、二人は深い愛でつながっていた兄と妹でした。あの有名な文学者のサムエル・ジョンソン博士が、彼女と食卓で神学などを論じることを好んだというのですから、優れた知性に恵まれていました。この博士は、彼女を家族の一人にしたい、と思っていたと言われています。

知性とともに、彼女はこのうえもないほど深い愛情と忍耐力を持ち合わせていました。彼女は経済的に豊かであった叔父マシュー・ウェスレーのロンドンの家に数年滞在したことがあり、何人かの青年が彼女の気をひこうとしたのです。その一人が、ジョンとチャールズのオックスフォードの友人であった牧師のウエストレイ・ホールです。彼とマーサは秘密裏に婚約していました。

あるとき、ジョンが実家に帰るときにホールを誘いました。エプワースに数日滞在していたときに、ホールは、末娘のケザイアに心を惹かれて、そのことを彼女に告げます。ところがロンドンに帰るや、マーサとよりを戻して、一七三五年に結婚しました。このことでケザイアはひどく傷ついたのです。

結婚後一〇人の子どもが生まれたのですが、一人を除いて九人が亡くなるという悲しいことがあいつぎました。それだけでなく彼の信仰がゆらぎだし、理神論から無神論へと移っていたのです。それに加えて彼は妻を裏切って、彼の家庭で雇っていたお針子に子どもを産ませ、それがばれるや家出をしたのです。マーサは彼を探し、その罪を赦して、帰宅を勧め、その赤ん坊を自分の子どものように可愛がって育てたというのです。これにとどまらず、彼は別の愛人をつれて西インド諸島にゆき、その愛人が死ぬまで数年そこに滞在したのです。マーサは、このような不可解な罪深い夫を心から赦していたというのですから驚きです。牧師でいながら、このような悪行を重ねたホールを、私はどうしても理解することができません。彼はひどい心の病気を持っていたとしか考えられません。

憔悴しきったマーサは、ロンドンに住んで、ジョンとチャールズの助けによって立ち直ることができました。彼女はメソジスト運動に身を投じて、奉仕の業に励みました。

ケザイア

最後の子どもであったケザイアは、チャールズより二歳年下で、彼はこの妹を心から愛して、彼女のことを気にかけていたのです。それはケザイアが病弱であったからです。彼女は三二歳の時よい結婚の相手に出会ったのですが、彼女の死がそれを妨げました。

このように見てきますと、母親としてスザンナが経験した苦悩は、想像を超えるほどに深刻なものであったことが分かります。普通の母親の数十倍の苦難を彼女は味わっていたのです。その彼女が、心の底から神の愛をたたえる手紙や日記を書いたということは、まさに奇跡です。

第6章　スザンナの手紙

スザンナの愛読書

スザンナは、変え得ないこと——貧しさ、肉体の弱さ、夫との性格の違い——は、これを受け容れる澄んだ心を持っていると共に、幅広く神学関係の書物を読み、神学的教養が驚くほど深い女性でした。ジョンはその生涯において、母親との対話また手紙によって、その神学を形成していったほどです。予定説について、聖餐論について、彼は母にその意見を問いますと、彼女は、堂々とその見解を長い手紙に展開しました。スザンナの愛好した著者は、すでに述べたように、ピューリタンの代表的著述家のリチャード・バクスターの著書や、当時有力であった国教会派の神学者でスコットランド出のヘンリー・スクーガル、フランスのパスカル、イタリア人でカトリック教会に属し、『霊的闘争』という本を書いたロレンツォ・スクポリなど、その幅の広さには驚かされます。

このスクポリの本は「キリスト者の完全」ということを述べ、人は、自己を憎み、利己主義を否定し、全心の愛を神に向けるべきことを説いています。ジョンが、メソジスト運動において「キリスト者の完全」を強調したことを思うとき、興味深いことです。彼女はフランス語を習得していたので、パスカルの著書はフランス語で読んだと思われます。ラテン語やギリシア語は読めなかったので、息子のジョンやチャールズは、母に内緒の手紙はラテン語で書いたそうです。

長男サムエルへの手紙

一七一〇年のある日、スザンナは、オックスフォード大学にいる二〇歳の長男のサムエルから一通の手紙を受け取りました。急いで読んでみると、「自分はキリスト者として堅く立ちたいのだが、心が弱くて悩んでいる」と書いてあります。母は、早速ペンをとり、祈りを込めてこう書きました。

偉大にして聖なる神は、常に権威にみちて臨在しておられます。この聖なる臨在を、できるだけ深くあなたの心に刻みつけるよう努力なさい……神は私たちのベッドや、歩む道の傍らにいまして、私たちの生き方をみていたまいます。罪を犯したり、また義務を怠りたい誘惑を感じたら、いつでも立ちどまって、こう自分にいいきかせなさい。私は何をしようとしているのか？　神は私を見ていたもうのだと。

「神の臨在（presence）」ということを、スザンナは強調していますが、彼女の父アンスリーも、その説教の中で、こう述べています。「神が見ておられると信じて生きよ。〈嫉みぶかい神〉の臨在をいきいきと感じて生きよ」と。

使徒信条について書いた手紙

スザンナが長男サムエルにこの手紙を書いた一七一〇年は、例の牧師館の大火の翌年で、牧師館の再建のために、彼女はしばらくある家に寄寓しており、暇ができたので、ロンドンの夫の弟マシューのところに世話になっている一五歳のスーキー（スザンナ）に、長い長い手紙を、一七〇九年の暮れから、一月一三日までの間に書いて送りました。それは、手紙というよりは一大論文で、使徒信条をくわしく解説したものです。華やかな都にいる娘が、信仰の道からそれないようにという祈りをこめて書かれた宗教教育の教科書でした。

当時、イギリスの田舎の町に住んでいた良家の母親たちが娘たちについて一番心を使ったのは、身分のよい財産のある家の息子との縁組が成功することでした。

スザンナ没後七一年たって出版されたイギリスの優れた小説家であったジェーン・オースティン（一七七五―一八一七）の『自負と偏見』（中野好夫訳、新潮文庫）などの小説に、そのような情景がいきいきと描かれています。オースティンは牧師の娘でしたが、彼女の小説に登場する人々は、魂の問題にはまったく関わりなく生きています。ところがスザンナは、娘の魂の救いを、何よりも心にかけていました。

「ポンテオ・ピラトのもとに苦しみを受け、十字架につけられ」の箇所を説明するスザンナは、キリストの十字架上の身体的苦しみをわが身に感じるとともに、主の魂の最も深い苦悩――父なる神に見捨てられたのではないか、との疑いのもたらす底の知れない苦悶を生き生きとした筆で表現しています。「わが神、わが神、なぜわたしをお見捨てになったのですか」という主のなげきは、スザンナ自身がその生活において何度となく発したと同じものでしたので、彼女が、主のこの叫びを解説する文は、感動的です。彼女も、苦しみの人で、悩みを知っていたからです。

彼女は、この「使徒信条」の「聖霊を信ず」の箇所で聖霊の働きをつぎのように述べています。

聖霊ご自身が本質的に潔く、私たちのなかのすべての潔さを創り出す方であり、私たちの性質を潔め、知性に光を与え、意志と感情を矯正してくださいます。

... he is essentially holy himself and the author of all holiness in us by sanctifying our natures, illuminating our minds, rectifying our wills and affections....

スザンナの父アンスリーは、「愛において働く信仰」という説教で、つぎのように述べて、聖霊を大文字で記して、その働きを強調しています。

次の二文字を心に止めてください。「イエス・キリストと潔さ、潔さとイエス・キリスト」。説教のそれ以外のことは忘れてもかまいません……

真剣なキリスト教こそ、私が力説したいものです。すべての状態を改善する唯一の道だからです……それは信仰ぬきの道徳ではありません。それは神から与えられる信仰で、聖霊によって創り出され、それによって神と人間がともに働くことができるのです。

Remember those two words, though you forget all the rest of the Sermon, 'CHRIST and HOLINESS, HOLINESS and CHRIST': ....

It is serious Christianity that I press, as the only way to better every condition: ...: it is not morality without faith: ...: it must be a divine faith, wrought by the HOLY GHOST, where GOD and man concur in the operation ....

ジョン・ウェスレーは、この説教に深い感銘を受けて、彼が編纂した『キリスト教文庫』に収録しました。彼が伝えたキリスト教とは、まさに「聖霊によって創られる信仰」であったのです。

この「使徒信条」手引は、他の子どもたちのためにも用いられました。相当難しい彼女の解説文が、どれほどスーキーに理解できたかは、私たちにとっては疑問ですが、母は子どもの理解力を知っていたわけですから、彼女たちの知力は、私たちの想像以上のものであったと思われます。

ジョンにあてた愛についての手紙

つぎに、スザンナがジョンにあてた便りのいくつかを見てみましょう。ジョンは中年になって、不幸な結婚をしていますが、それまでに、何度か女性に心を奪われたことがありますが、一七二七年に初恋を経験しました。ベッティ・カーカムという女性でした。一七二五月一四日付のスザンナの手紙は、「愛の本質は何か」に関するジョンの手紙に答えたものです。日付から見ると、初恋とこの手紙は無関係のようですが、その文面によると、ジョンは、愛のみならず、人間のさまざまの感情や徳について深く考えていたようです。それで、母親は、「ひとりでこのようなことについて思索するのは結構ですが、公開の場では、あまりこのようなことは言わない方がよい。説教の目的は、人々がその生き方を改善するように仕向けることで、無用な考えで聞く者を悩ませない方がよい」とアドバイスをしています。そして「愛とは何か?」についてそれを表現することは難しく、「強力なあるもの」と述べ、被造物的愛である人間の愛ではなく、「神の否被造物的愛（uncreated Love）の鏡」のなかに愛というものの素晴らしさの真相を見ることができるときまでは、愛の本当の姿を知ることはできないと書いています。そしてこの手紙の結びのところで述べています。

あなたの手紙の最後の言葉は、とても優しくて、嬉しく思います。あなたがいつも親思いであることは、よく分かっています。けれど、あなたの愛情もほどほどで結構です。私がだれかの愛情を求めるなど、とんでもない思い上りですから。

ジョンの母に対する愛は、「ほどほど」どころでなく、「母上より先に死にたいと思う」という手紙を書くほどでした。年をとっても、容姿の衰えを見せず、美しかったというスザンナは、また、成人した学者肌の息子と対等に話のできる女性であり、彼女以上の女性にジョンは、その生涯において出会わなかっただけに、母のいない人生というものは、彼にとって、生きてゆく勇気のないものに思われました。

トマス・ア・ケンピスの『キリストにならいて』

一七三五年の六月に、スザンナは、興味のある手紙をジョンに書いています。彼が、トマス・ア・ケンピスの『キリストにならいて』を読んで、そこに書いてある現世否定的な態度などに疑問を感じて、母の意見を尋ねる手紙を書いたのです。それについてのスザンナの返事です。ジョンは、もう三二歳の堂々とした牧師でしたが、トマスが、この世の娯楽などの楽しみを避けるようにいっているのに対して、どこに限界を設けるべきかを母に尋ねたらしく、母は、トマスが、あらゆる楽しみを罪として否定しているのは間違いであると述べ、こう答えています。

あなたの理性を弱め、良心を傷つけ、神の臨在感をさまたげ、霊的な感覚をにぶらせるもの、つまり、身体的なものを精神的なものより支配的にすることは、たとえそれがどんなに無害なものにみえても、罪なのです。

トマス・ア・ケンピスの著作といわれる『キリストにならいて』（池谷敏雄訳、新教出版社）は、古今のキリスト教古典の中でもっとも優れているもののひとつで、日本語に初めて翻訳されたのは慶長元年（一五九六年）で、ローマ字本『コンテムツスムンヂ』として知られており、今日までプロテスタント、カトリックを問わず愛されてきた本です。私も、恵泉の女学校四年ごろ、今でいえば高一のころ、この本の英訳を買い求めて、毎日祈りのときに読み、キリストを愛し、この世に執着してはならないこと、キリストのために苦しむことが、永遠の価値をもたらすことを深く教えられました。しかし、この著者は、中世の修道院に生活した修道士であったので、ジョンが疑問を持ったと同じく、私も、このトマスのすすめをそのまま実行することは無理であると思ってはいましたが、トマスの心の中に脈打っていたキリストに対する燃えるような愛と賛美と信仰のたぐいない美しさには、驚嘆しました。

ジョンが母に手紙で意見を尋ねた箇所は、つぎのような文ではないかと思われます。第五三章「神の恵みはこの世の物を楽しむ者には与えられないこと」という章は、このような文で始まっています。

> わが子よ、わたしの恵みは貴くて、外部のもの、またはこの世の慰めと混じるのはゆるされないのである。それ故、もし恵みがそそがれることを望むならば、すべてそれを妨げるものを投げ捨てなさい。自分のためにひそかな所を選び、自分独りでいることを愛し、人との話を求

めず、むしろ神に敬虔な祈りをそそぎなさい……わたしに仕えると同時に過ぎゆくものを楽しむことはできないのである。知己や親友から遠ざかり、この世のあらゆる慰めを心から退けなさい。

トマスは一三八〇年、ドイツのケルンに近いケンペンの町に金属細工師の息子として生まれました。一三九九年に修道院に入り九一歳で死ぬまで、彼の純粋な信仰は、修道院に新風を吹き込みました。彼の生涯に影響を与えたのは、敬虔な母親であるといわれています。一人静かに祈っている母の姿に、トマスは深く感動し、彼とその兄ヨハネスは、生涯をキリストに献げることにしました。

このトマスの書物を、ジョンはラテン語で読んだはずです。私も学生時代、ラテン語が学びたくて、この書物のラテン語版を手に入れました。最初の数行を読んで、その言葉の流麗な響きに驚きました。美しいパイプオルガンの響きを思わせる文章です。ジョンは、その一行一行に魂を奪われ、心の底にしみる感銘を受けたことでしょう。彼は、トマスのすすめを本気で受け取ろうとしました。この書を書いたときのトマスと彼は、同年輩であったということも、興味のあることです。ジョンが母にこの書について尋ねているということ自体、ジョンがトマスの本を熟読していたことを物語っています。

トマスがこの著作を通して当時の活力を失っていたキリスト教世界に訴えたことは、信仰の内面性を重んじる、ということでした。教育の組織、制度、礼拝の形式、神学における概念的なキリスト教の理解を越えて、キリスト教の生命そのものに私たちの眼を向けさせる、ということでした。ジョンのメソジスト運動が、形骸化した国教会に新しい生命を注ぎ込む役目を果たしたことを思うとき、ジョンが、どのような感動を持ってこの書を読んだかを察することができます。

しかしジョンは、トマスのあまりにも修道院的な、現世のあらゆる慰めを否定する説にふれて、まどい、母の意見を手紙で聞いたのです。母はジョンの生真面目な性質をよく心得ていたので、トマスを批判し、彼女なりのこの世の楽しみに対する見解を述べる必要を感じたのでした。

「知られざる神」

スザンナは、哲学者、神学者を思わせる理路整然とした手紙を子どもたちに書いていますが、神秘家、芸術家のように、神の栄光と愛に圧倒されて、法悦の状態にあったことを示す手紙もあります。一七三三年一月一日付、エプワースからジョンにあてたものがそれです。彼女はつぎのように述べています。

そのように尊大な事柄について誰が考えたり、話したりできるでしょうか。――神の偉大さ、尊厳は、私たちを驚嘆させます！　神の神聖な憐れみ、人間を贖いたもうその愛は、私たちを面食らわせ、圧倒します！　神の栄光を感じるとき、私たちの弱い感覚は、一時働きをとめ、創造者である神の前に、肉体は失神するのです。

私は長い年月、神を尋ね求めてはいるのですが、まだ私にとって「知られざる神」を崇めているにすぎません。神を愛したてまつっているとは、とても言えません。せいぜい言えることは、神を、私自身の幸福、私のすべて、私の唯一の善として、私の神として選びとっている、ということです。そして、私の心を探ってみるとき、この神にのみお従いしてゆきたいと思うのですが、まだまだ足りないところが多いのです。そういうわけですから、どうぞ私のために祈ってください。あなたが私の祈りを必要とする以上に、私もあなたの祈りを必要としています。

神はいずこにもましますので、私たちは、いつも神のみ前にいるわけですが、私たちは、常に神の臨在を己がものとして感じることができなければなりません。優れた人々の中には、つねに神の臨在を感じて生きており、神を身近に感じないときはほとんどない人がいるということです。神は、無限の祝福にみち、愛にあふれておられます。

神の至上の栄光にすこしでも近づくときに、私たちの心に生き生きとした歓喜があふれ、すべての苦しみ、痛みは消えさります。このような幸福に、永遠が加えられるとき、そこは天国なのです。

神の愛と祝福があなたにありますよう！　あなたの愛する母より

スザンナ・ウェスレー

スザンナは、神が彼女を「驚嘆させる（astonish）」といっています。彼女は、まだまだ神の偉大さを充分知っていないので、神は彼女にとって「知られざる神（an Unkown God）」である、とも言っています。また、「神の臨在をおのがものとする（to realize His presence）」という言葉を用いています。

この手紙を読んで私は、心から感動しました。スザンナは神の臨在を感じ、その前において、神の偉大さと贖いの愛に心から驚嘆できる女性でした。それゆえ、彼女は、自分が知っている神は、本当の神のわずか一部分にすぎず、神のまことのみ姿は、自分にとって未知のものであると自覚していました。私は信仰生活において、いったい、神に驚嘆したことが何度あるでしょうか。神の貧しいイメージを自分の頭に作って、あたかも神を知っているかのように生きているのではないかと恐れます。

またこの手紙によると、スザンナは、神の栄光のあまりの素晴らしさに圧倒され、茫然自失となって、口もきけないほどの経験をしました。そのとき、彼女の部屋の調度は貧相で、彼女や、子どもたちの衣服は、牧師の家族とは思えないほどみじめなものでした。夫サムエルの弟マシューがこの牧師館を訪れて、あまりの貧しさに、兄を責めたと言われるほどでした。彼女は病弱で、一年の半分ほど床につくことがあったのですが、娘の証言によると、その原因は、栄養のある食事が足りないことと、衣服が十分でないことにあったそうです。粗食であり、寒さを防ぐに十分な衣類がなかったとは、なんと貧しい生活でしょうか！

それにもかかわらず、彼女は貧相な牧師館の一室で元日にこのように霊的にしらべの高い手紙を、その愛する息子ジョンに書いているのです。ヘンデルのオラトリオ《メサイア》の大合唱のような華麗な賛美の声が、彼女の部屋に満ちていたのではないでしょうか。彼女にもし音楽の才があれば、その声を用いて神をたたえたはずです。彼女の書いた賛美歌はありませんが、詩才のあった夫の血をひいた子どもたちの中から賛美歌作詞者として名高いチャールズが出たのも、当然であったと思われます。

じつはジョン・ウェスレーが、ヘンデルの「メサイア」を聞いてどのように感激したかを伝えているサイトがあります。Epworth Chapel On the Green というアメリカの教会のサイトです。それによると、ヘンデルが召された一七五九年の前年である一七五八年の八月一七日に、ブリストルの町の大聖堂で行われた「メサイア」公演にジョンは出席しました。そして彼は、聴衆が演奏される音楽に心を奪われるさまを見て、思ったのです。「彼らは説教を聞いているとき、これほど真剣ではなかっただろう」"I doubt if that congregation was ever so serious at a sermon as they were during this performance." と。そして多くの部分、とくにコーラスは期待以上であったと感じたそうです。そして、ヘンデルは普通の天才ではなく、特別な天才で、「音楽に対して並外れた才能を持っている」と賞賛したとのことです。

神の愛に驚嘆しているスザンナ

彼女は、ある日の朝の日記をつぎの言葉で始めています（『全文書』二四〇頁）。

私はまったく驚嘆しています。神の慈愛が無限であり、尽きないことに！　神がそのような憐れみを与えたもうのが、まったくその値打ちのない、神のことを気にかけず、神の憐れみをかえりみず、感謝の思いを持たない者たちであることに。

I stand amazed at the boundless and inexhaustible goodness and mercy of God! That he should give to those that are so undeserving, so unmindful of him, and so regardless of and unthankful for his mercies.

スザンナは、神の愛を受ける資格が全くない自分に、神の無限の愛が注がれていることに驚嘆しています。この場合彼女は amazed という言葉を用いています。amaze という動詞は「驚かす」という意味で、自分が驚くときには受け身で書きます。またそれを形容詞にした amazing という言葉は、有名なジョン・ニュートンの "Amazing grace, how sweet the sound"（讃美歌第二編一六七番「われをもすくいし」）という賛美歌に使われています。「アメイジング・グレイス」は世界的な名曲として日本でもよく知られています。

クリスチャンの文章や歌で、「神の愛に驚く」という意味でよく使われ、スザンナもこの言葉を愛用していました。「神の愛に驚く」ということが、もし私たちの信仰生活に欠けているとすれば、それは信仰が死んでいることを意味するのではないでしょうか。

フォーサイスの「謙遜の秘義」

じつは私は「キリストの愛のみ業に驚く」ということの深い意味を教えられて感動したことがあります。それは加藤常昭先生と私が編纂した『愛と自由のことば　一日一章』（日本キリスト教団出版局）の七月二三日の「謙遜の秘義」という文章です。この文は、フォーサイス著『キリスト者の完全』（石島三郎訳、新教出版社）から加藤先生が選ばれたものです。

P・T・フォーサイス（一八四七—一九二一）はスコットランドの神学者で、祈りについての名著『祈りの精神』（斎藤剛毅訳、ヨルダン社）によって日本で知られており、私も恵泉女学園短大の教師であったころ、この本を読んで、豊かな霊的糧を与えられました。

ところで私はフォーサイスのこの「謙遜の秘義」を読んだときの感激を忘れることができません。彼は「謙遜とは何か」を最初に述べます。

> 謙遜とは……贖われたたましいの自己自身の前での驚きである、いな、むしろ、自分自身のうちなるキリストの前での驚きである。

自分のように罪深い人間を主は贖い、罪を赦してくださったことに対する驚きが謙遜の実体だ、と言うのです。それゆえ謙遜は、人に対しては、きわめて能動的な、熾烈な形をとることがある。謙遜とは、内気なこと、弱気なこと、末席を探すことではないとフォーサイスは述べています。

この文章は、私たちが、自分のように救いに値しない者を神は赦し贖ってくださったことに対して、心から驚くことがどのように必要であるかを教えてくれます。この驚きこそ、私たちの信仰の要であり、この驚きが失せるとき、私たちはキリスト者としての命を失ってしまいます。

国木田独歩の『牛肉と馬鈴薯』(新潮文庫)

このように「驚く」ことが大事であることを書いていますと、私は明治時代の偉大な作家であった国木田独歩(一八七一―一九〇八)の『牛肉と馬鈴薯』(一九〇一年)という作品を想起します。この短編は、「驚く」ということが人間にとってどのように必要であるかを訴えた、世界でも珍しい作品であると思います。独歩は二〇歳のときに植村正久牧師から洗礼を受けたので、その思想には、キリスト教の影響が見られます。

この作品について述べます。数名の青年たちが心を開いて、人間の生き方についていろいろ話しあっています。贅沢に生きることを望む現実主義的な牛肉党と、質素を旨とする理想主義的な馬鈴薯党について。すると彼らと異質な考え方をする岡本誠夫《せいふ》と名乗る男、独歩の分身が自分の悲恋について語ります。心から愛していた女性が病気で亡くなるのです。この娘が生き返ることを彼は願っているのですが、それよりももっと切実な不思議な願いを彼は持っているのです。

「喫驚《びっくり》したいというのが僕の願いなんです」。

……

「宇宙の不思議を知りたいという願いではない、不思議なる宇宙を驚きたいという願いです！」

……

「必ずしも信仰そのものが僕の願いではない、信仰無くしては片時たりとも安んずる能わざるほどにこの宇宙人生の秘義に悩まされんことが僕の願いであります」。

ところが「習慣の力《カスタム》」が、私たちをそのような「驚き」から遠ざけてしまうのです。この「習慣の圧力から脱《の》がれて、驚異の念をもってこの宇宙に」対したいというのが岡本の願いなのです。

私は三十数年前にこの作品を読んで、深い感動を味わいました。教会の礼拝で習慣的に「主の祈り」を唱え、賛美歌を歌い、聖書を読んでおり、そこに表現されている神の愛に驚いていないのではないかという恐れを感じました。スザンナはある日の日記を「私はまったく驚嘆しています」“I stand amazed.”という言葉で始めた、と述べましたが、彼女は独歩の言葉を用いれば、「習慣の圧力から脱がれて、驚異の念をもって」神の前にひれ伏すことができた女性でした。彼女の手紙や日記には、「驚嘆する」という言葉が何度も使われています。

ところで、神の愛をまだよく知らない独歩は、「驚異の念をもってこの宇宙に」対したいと述べていますが、スザンナは、「驚異の念をもって神の愛」に向かい、ひれ伏しています。

チャールズあての大事な手紙

チャールズにあてたスザンナの手紙の中で、特筆すべきものは、一七三九年一二月二七日付のものです。

そのとき、彼女は、ロンドンのメソジスト運動の本拠地であるファウンダリーに住んでいました。彼女がこよなく愛した長子のサムエルは、この年の一一月五日ティヴァトンの校長として四九歳の地上の生涯を終えました。この余りにも悲しい知らせを、ジョンとチャールズは、母にしばらく隠していたのですが、それを知った彼女は、悲しみに打ち勝って、息子たちを安心させる手紙を書いてはいるのですが、この手紙では、息子がそばにいて、自分の話相手となってくれることを切望する母の心情をさらけ出しています。

親愛なチャールズ

あなたが私に逢いたいと切望する以上に、私もあなたに逢いたいのです。サムエルがもういないので、これから「息子ウェスレー」と私が呼ぶことになるジョンは、今まで私と一緒にいて元気づけてくれました。これはいつも私が感じることですが、ジョンが私に何か話してくれると、必ず霊的に素晴らしい糧を与えてくれます。

けれど、彼が訪ねてくるのは、たまで、しかも、すぐ行ってしまうのです。彼は忙しくて、その仕事は、大変成功しているので、ありがたいと思わなければならないのですが、チャールズ、私は、あなたかジョンがそばにいてほしいのです。私は文字通り子どもになってしまって、いつも助けがいるのです。……信仰について話し合うと、慰められ、励まされます。以前わたしは、人をさけることを好み、人間の慰めよりも神の慰めを喜んだものです。けれども、悲しいことに、私は、前には喜んだ霊的な交わりを失ったようです。どうしてこうなったのでしょうか。私の信仰が足りないからです。神はいずこにもいまし、変わらざる神があり、回転の影もないお方です。私が判断と行為において誤っていたのは、主イエスに対する信仰に欠けているからです。

この手紙で、スザンナは、ジョンが自分のそばにいる時が短いことを嘆いていますが、ジョンは、伝道の仕事で多忙をきわめ、一か所にじっとしていられないほど飛び歩いていました。当時のイギリス文壇の大御所のサムエル・ジョンソン博士は、ジョンと気が合い、彼とゆっくり一晩話し合いたいと思っていると、ジョンは用があるといってすぐ席を立ってしまう、この点が気にくわないと弟子で彼の伝記の著者のボズエルに語っています。

母は、ジョンを独占できないことを嘆いていますが、彼を心から愛した姉や妹も、彼に対して、「もっと度々手紙を書いてください」と恨み事を言っています。ケザイアは、チャールズと仲良しであったのですが、ジョンに対して、「姉妹として以上の愛をもって愛している」と告げています。ジョンより一一歳年長のエミリアは、ジョンのつれなさを非難する手紙を書き、彼の愛情を独占しなければ止まない気持ちをさらけ出しています。年上の女が、恋人をせめる手紙とも思えるほどの手紙です。ジョンは、きわめて愛情深いデリケートな心をもっていたので、彼に出会った女性たちは、彼を愛さずにはいられなかったと伝えられています。

この手紙の後半でスザンナは、チャールズが母のもとにくると、ジョンが去ってしまう、と嘆いています。スザンナとジョンの語らいは、素晴らしいものであったと思います。

長男サムエルの死去で心が痛んでいたスザンナは、今まで以上に息子たちの慰めを必要としたのですが、それと同時に、自分の信仰の薄さを嘆いていますが、自己の罪深さを認めるや、彼女のペンは、神をたたえる高揚した文をつづります。

チャールズよ、神の尊厳、その完全なる聖らかさ、み苦しみの大きさ、また何にもましてその無限の御愛を思うとき、私は驚嘆し、めんくらうほどです。われを忘れて思いにふけるのみです。

神の前に己を無にして、ひれ伏すのみです！　これらのことを知りながら、信仰と愛において貧しい、ということは、何と申しわけのないことでしょうか。

この手紙は、六年前にジョンにあてて書いたあの手紙にあるのと同じことばが用いられています。「神に驚嘆する」ということばです。愛する息子を天に送った寂しさのさなかにおいて、彼女の眼は、上なる無限の愛の素晴らしさを見つめていました。

スザンナがこの手紙を書いた一七三九年に、彼女は七〇歳でした。この翌年一七四〇年は、彼女にとって記念すべき年でした。あとでくわしく述べますが、一七三八年の五月にジョンの有名な回心が起こり、つづいて、一七四〇年の一月に、彼女も回心をしています。ジョンは、ロンドン郊外のファウンダリーと呼ばれていた元大砲工場を買って、そこを改装してメソジスト運動の本部とし、その二階に母を住まわせました。それゆえ一七三九年からスザンナは愛する息子と一緒に住んで、メソジスト運動の発展する様子を見ることができたのです。

第7章　スザンナとジョージ・ハーバートの詩

偉大な詩人ジョージ・ハーバート

前述のスザンナの『全文書』に収録されている彼女の手紙や、日記を読んで、私は、彼女がジョージ・ハーバート（George Herbert, 1593-1633）の詩を何度となく引用しているのを知って驚きました。それは、今まで読んだ彼女に関する本のどれにも、彼女がハーバートの詩をこの上なく愛したことが書かれていないからです。それではジョージ・ハーバートとはどのような人物であったのでしょうか。

彼はウェールズの裕福な貴族の家に生まれました。三歳のときに父を亡くし、聡明な母親に育てられました。彼はケンブリッジ大学を優秀な成績で卒業し、そこのトリニティ・カレッジのフェロー（特別研究員）、またその大学を代表して大事な行事のときにラテン語で演説をする名誉ある職につきました。

出世を望めば高い地位につくことが出来る人物でしたが、三七歳のときに国教会の教職につくことを選び、ソールズベリーの近くの辺鄙なベマートンの教区牧師となって教区民のために心を尽く

ジョージ・ハーバート

説教をして奉仕しました。そこで多くの優れた詩を書き、三年後に三九歳の若さで死去しました。彼の代表的な詩集は『聖堂』*The Temple*（*The Works of George Herbert*, ed. by F. E. Hutchinson, Oxford: Clarendon Press, 1942）です。

驚くほど謙遜であったハーバートは、死の床で親友のニコラス・フェラーにこの詩集の原稿を送って告げました。「もしこれらの詩が苦しみ悩んでいる人々のためになると思うなら、出版してください。もしそうでなければ、焼いてください」と。彼の死の三年後の一六三三年に出版されるや、大評判になり、一六八〇年までに一三版を重ねました。

ハーバートの母親について

ところでジョージ・ハーバートの母親マグダレン・ハーバートは、スザンナに似た素晴らしい女性でした。ジョージが三歳のとき彼女の夫が亡くなり、七人の息子と三人の娘が残されました。長男エドワードがオックスフォード大学に入学すると、彼女はその息子のために、自分の家族が住んでいたモンゴメリの町にあった城から四年間オックスフォードに移り、彼のためにいろいろ心を使ったそうです。彼女は子どもたちが皆心身ともに恵まれていることを神に感謝し、彼らが心から神をたたえるよう導きました。

そこで知り合った優れた詩人であったジョン・ダン（一五七二―一六三一）は、彼女の優雅な人柄、並はずれた知性を褒めたたえた詩を書いています。彼女は中年の麗しい女性であったので、ジョン・ダンは「秋の顔」と呼びました。この詩は湯浅信之編『対訳ジョン・ダン詩集』（岩波文庫）に「秋のような顔」（THE AUTUMNAL）という題で収録されています。その初行を私訳で紹介します。

春や夏を思わせるどんな美人も、
私があの秋の顔に見た麗しさにはおよばないのです。

No spring nor summer beauty has such grace,
As I have seen in an autumnal face.

その先の数行を湯浅氏の訳で紹介します。

愛は恥ずかしいものだが、ここではその心配は要らぬ。
愛情は、ここでは、尊敬の名前をもっているのである。
……
美しい瞳、そこから流れて来る以上の光を求める男がいるならば、その男は熱病を患い、疫病を求めている。

官能的快楽はないけれども、すべてが喜びなのである。

……

彼女の語る言葉は、あらゆる人に相応しいものであり、

楽しい饗宴に与《あず》かる人も、忠告を授《さず》かる人もあるのだ。

そのような彼女の魅力に心を奪われた一人の男性が彼女に求婚しました。一六〇九年に彼女はジョン・ダンヴァーズ（一五八四／五—一六五五）という貴族と再婚したのです。夫は二五歳であり、彼女の年の半分ほどで、息子といってもよい年齢の青年でした。ところで彼はこのうえもなく豊かな心と、稀にみる美貌を持ち合わせていました。彼と一緒にヨーロッパを旅した友人の話によると、町を歩いていると、人々が振り返って、驚嘆の表情をかくさなかったそうです。そのような青年の心をひきつけるほどの魅力を彼女は持っていたのです。このジョンは彼女のどこに一番心を奪われたのでしょうか。それは彼女の聡明さ（wits）でした。

ジョン・ダンヴァースの兄は、子どもが一〇人もいる未亡人で、年が倍である女性と弟が結婚することに反対したのですが、止めることはできませんでした。この夫婦は妻が亡くなる一六二七年まで深い愛で結ばれていたそうです。ところで、ジョージ・ハーバートは、義父にあたるジョン・ダンヴァーズの従姉妹ジェイン・ダンヴァーズと結婚しました。ジョージより九歳年上の義父との

関係が良かったことが窺われます。

母親の深い信仰と鋭い知性を受け継いだジョージ・ハーバートは、母と強い絆で結ばれていました。彼が病気の母に書いた手紙を見ると、ジョン・ウェスレーがスザンナにあてた手紙を想起します。

ところで、本書第2章に登場したピューリタン牧師リチャード・バクスターは、ハーバートについてつぎのように述べました。

ハーバートは本当に神を信じている人らしく、神に語りかけている。

Herbert speaks to God like one that really believeth a God.

ハーバートの母マグダレンやスザンナも、神を本当に信じている人らしく、神に呼びかけて祈ったと思います。

「感謝する心」の詩について

スザンナは忙しい牧師夫人で、一〇人ぐらいの子どもたちの世話をする母親の責任を負っていたにも関わらず、朝と夕べにそれぞれ一時間の祈りと黙想のときを持ちました。昼にも短い祈りをする時もありました。そのようなときに、静かに神のみ前で悔い改めの祈りや、感謝の祈りを捧げて、それらをノートに記しました。これらの日記には日付はついていませんが、彼女の心を知ることができる大切な資料です。

彼女の『全文書』の二二八頁に収録されている日記は、大変大事なことを私たちに教えてくれます。ある夕べ、彼女は考えました。ありふれた恵みに対して、自分はあまり感謝しないが、ありふれているからこそ、その恵みは価値があるのではないか。ハーバートが詩に述べているように、常に心に神を感じているとはなんと嬉しいことだろうかと。そして『聖堂』にある「感謝する心」(Gratefulness) という詩の二九行から三二行を引用しています。

私はこの詩に興味を感じましたので、ハーバートの詩集からスザンナが引用した「感謝する心」という詩全体を読んで、深く心を打たれました。じつに素晴らしい詩ですので、その一部を紹介します。

感謝する心

主よ、あなたは多くのものを私にくださいましたが、
もう一つ与えてください。感謝する心を。
私はあなたに手練手管を使って求めます。

……

それゆえ私は叫び、また叫びます。
あなたは静かでいることがおできになりません。
私が感謝する心をあなたからいただくまでは。

嬉しいことがあっても、私は感謝することがないのです。
お恵みがこれからも十分あるかのように思って。
どうか心の鼓動が常にあなたを賛美する人間にしてください。

Gratefulness

Thou that hast giv'n so much to me,
Give one thing more, a grateful heart.
See how thy beggar works on thee
By art.

……

Wherefore I crie, and crie again;
And in no quiet canst thou be,
Till a thankful heart obtain
Of thee:

Not thankful, when it pleaseth me;
As if thy blessings had spare days:
But such a heart, whose pulse may be
Thy praise.

この詩でハーバートは、神に対して必死に「感謝する心」を求めています。そして心の鼓動が常に神を賛美するようにしてください、と懇願しています。なぜ彼はこれほど感謝の心を求めたのでしょうか。それは、自分に感謝する心が弱いことを実感したからでしょう。

その思いは、まさにスザンナの思いでした。彼女が日記に引用したのは、訳では最後の三行、英文では最後の四行です。私はハーバートのこの「感謝する心」という詩を読んで、初めて彼の魂の真実な叫びにふれる感動を味わいました。

「愛」というハーバートの詩

じつは私はそれまでは彼の「愛」（Love）という有名な詩に関心を持っており、自著『あなたは愛されています――ヘンリ・ナウエンを生かした言葉』（教文館）の第10章に引用しました。つぎのような詩です。

愛

愛は私を喜び迎えたのですが、私の魂はためらっていました。
罪に汚れていることを恥じて。
すると、目ざとい愛は、私が入室したときから
歩みがのろいのに気づいて、
私に近づき、優しくたずねてくれました。
何か足りないものがあるのかと。

「ここにいるのにふさわしい客がいません」と私は答えました。
すると愛は答えました。「あなたがその客なのですよ」と。
「優しさがなく、感謝の心がないこの私ですか？　おお主よ、

私はあなたのみ顔を仰ぎ見ることさえできません」。

愛は私の手をとって、微笑んで答えました。

「私以外の誰が、あなたの目を造ったのですか？」

「そうです、主よ。しかし私は、その目を傷つけたのです。

恥すべき私にふさわしいところに行かせてください」。

「あなたは知らないのですか」と愛は言いました。「誰があなたの罪を背負ったのですか？」

「それでは、あなたにお仕えします」。

「食卓に座り、私の肉を味わいなさい」と愛は呼びかけました。

それで私は座り、食事にあずかりました。

Love

Love bade me welcome, yet my soul drew back,
　Guilty of dust and sin.
But quick-ey'd Love, observing me grow slack
　From my first entrance in,

Drew nearer to me, sweetly questioning
  If I lack'd anything.

"A guest," I answer'd, "worthy to be here."
  Love said, "You shall be he."
"I, the unkind, the ungrateful? Ah, my dear,
  I cannot look on Thee."
Love took my hand and smiling did reply,
  "Who made the eyes but I?"

"Truth, Lord, but I have marr'd them; let my shame
  Go where it doth deserve."
"And know you not," says Love, "who bore the blame?"
  "My dear, then I will serve."
"You must sit down," says Love, "and taste my meat."
  So I did sit and eat.

この詩は、「自分は聖晩餐にあずかる資格がない、あまりに罪深い」と悩んでいる人間に、愛であるキリストが優しく呼びかけて、「あなたを創ったのは私です。あなたの罪を背負ったのは私です」とさとして、彼を聖晩餐の席に招く、という美しい詩です。フランスの優れた思想家であったシモーヌ・ヴェイユ（一九〇九―四三）が特別に愛した詩です。

勿論、スザンナもこの詩に心を打たれたでしょう。しかし、彼女がこの詩を引用したという資料はありません。じつは私は、数十年前にこの詩を読んだときに、これを書いたハーバートの真意を理解出来なかったのです。この詩の主人公が聖晩餐の席に座る価値が自分にはない、なぜなら自分には「優しい心や、感謝の心」が無いからです、という箇所がぴんときませんでした。感謝の心が無いことが、それほど大きな罪と感じていなかったからです。

しかし彼の「感謝する心」を読んで、どれだけ彼が「感謝の心を与えたまえ」と神に叫んだかを知った今は、この箇所の深い意味を悟ることができます。ハーバートは、私たちのために十字架にかかって命を捨ててくださった主イエスに感謝し、主を賛美する心が無いものは、聖晩餐に列席する資格がない、自分はまさにそのような人間だ、と悩んだのでしょう。ところが、その感謝、賛美の足りない自分を、主は聖晩餐に招いてくださるのです。「誰があなたの罪を背負ったのですか？」という愛にみちた主の言葉が彼にかけられたのです。私はスザンナが引用した「感謝する心」を読んで、初めてこの詩人の魂の叫びを感じ、「ハーバートという人間が分かった」と思い、また「愛」という詩の深みが分かりました。

「十字架」

スザンナが引用したハーバートのほかの詩は五篇ぐらいありますが、そのなかで重要なものについて述べます。『全文書』三三二頁に収録されている彼女の昼の日記は、神の恵みが感じられない暗い日々にも、変わりない神の愛を信じて、神に従わねばならない、と書いて、ハーバートの詩を四行引用しています。これは彼の『聖堂』に収録されている「十字架」(The Cross) という詩の一九行から二二行です。それでは彼女が引用した四行とそれに続く二行、そして最後の節を紹介します。英語のスペリングは原文のままで、現在の英語とは違っている箇所があります。

十字架

私の意思にそわない物事が起こるのです。
私が神のみ名をたたえる方策を考えている時なのですが。
すべての物事が私に敵対し、
私を持ちあげて、倒すのです。
私のさまざまな希望の実現が早まると見える時にさえ、
私のなかでは悲嘆が生き、希望は死んでいるのです。

……

ああ天のお父様、私の傷を癒してください！
これらの私の意思に反する苦難は、私を打ちひしぎます。
私を苦しめる行為は、私を紐でしばり、私の心を引き裂きます。
しかしあなたが与えてくださるこれらの私の意思に反する苦悩は
まさに、あなたのみ子が経験された十字架なのです。
私はつぎの言葉を、私の言葉とします。あなたのみ心が成りますように。

The Cross

Besides, things sort not to my Will,
Ev'n when my Will doth study thy Renown:
Though turn'st th' Edge of all things on me still,
Taking me up to throw me down:
So that ev'n when my Hopes seem to sped,
I am to Grief alive, to them as dead.
………
Ah my dear Father, ease my Smart!

These Contrarieties crush me: these cross Actions
Doe wind a Rope about, and cut my Heart:
And yet since these thy Contradictions
Are properly a Cross felt by thy Son,
With but four words, my words, Thy will be done !

この詩は、ハーバートが尋常でない苦難に襲われたときに書いたのでしょう。この詩に感動して、祈りのときにこの詩を書いたスザンナも、押しつぶされそうな苦しみをいろいろ経験していました。スザンナがハーバートの詩を手紙や日記に引用するとき、彼女は、他人の詩を借用しているつもりではなく、自分自身の思いをハーバートが代弁していると信じていたと思われます。それゆえ、私が取り上げた彼の詩は、スザンナの魂の内なる秘密をのぞかせてくれる鍵なのです。

二〇世紀の偉大な詩人であった英国のT・S・エリオットは、それまであまり評価されなかったハーバートを、世界の最高の詩人の一人であると称賛しました。彼は一九六二年に*George Herbert* (Longmans, Green & Co.) というジョージ・ハーバートの詩についての評論を出版しました。ハーバートの『聖堂』に収録されている代表的な詩を取り上げたもので、スザンナが愛した「感謝する心」も含まれています。

第8章　スザンナの信仰

スザンナの心の平安

スザンナの信仰において目立つのは、彼女の心に満ちていた平安です。苦難のただなかにあっても彼女の神に対する信頼はゆるがないものでした。大家族を抱えていたウェスレー家の家計は、全く貧しく、一七〇九年の火事から二二年たっても、家具は半分も整わず、その日のパンをいかにして手に入れ、必要な衣類をどうして整えるかに、スザンナは毎日頭を悩ましていました。

一七二二年には、一九歳のジョンは、オックスフォード大学のクライスト・チャーチ・カレッジで勉学に励んでいたのですが、ウェスレー家には三〇歳の長女エミリアを頭に七人の娘が残っており、彼女らを寄宿学校に入れる金もなく、さすがのスザンナも「近来私たちの家庭に起こった不幸な出来事以上に不幸な出来事は、他のどのような家庭にもほとんどありえないと思います」と兄にあてた手紙で告白しているほどでした。

そのような困窮のただなかにあって、この母は、心の奥深くに平安をたたえており、落ち着いてテキパキと仕事を片づけ、遠く離れている勉学中の息子たちの魂を思って長い手紙をつぎつぎと書き、十数名の子どもの世話をし、教区のさまざまな問題の処理に夫を助けました。彼女の心にあったのは、不思議な「静謐（serenity）」であり、この安らかさは、朝、晩それぞれ一時間と、昼の短い祈りによって培われました。その祈りのときに、彼女は霊的な日記を書き、それが『全文書』に収録されています。

息子のジョンが母を描いている文章の中に、「静謐」、「澄んだ静かな心」と訳すべき「セレニティ（serenity）」という言葉が度々用いられているのは、興味深いことです。「母は一三人の子どもにつきまとわれていたにもかかわらず、落ち着いた静謐（calm serenity）をもって仕事をし、手紙を書き、会話をした」と書いています。また臨終の母の表情を描写するときにも、ジョンは、「母の顔は、澄んで静か（serene）であった」といっています。多くの子どもを抱えた貧しい牧師の妻が、さまざまな苦しみのただなかにあって、澄み切った心をもって、テキパキと仕事を進めたということは、驚異に価します。

この「セレニティ」という言葉は、アメリカの神学者ラインホールド・ニーバーの祈りを想起させます。

おお神よ、変え得ないことに対しては、
これを澄んだ静かな心（セレニティ）をもって受け容れることを得しめたまえ。
変えるべきことに対しては、勇気をもってこれを変えることを得しめたまえ。

また、そのいずれであるかを見分ける知恵を与えたまえ。

O God, give us
serenity to accept what cannot be changed,
courage to change what should be changed,
and wisdom to distinguish the one from the other.

スザンナの日記に出てくる「セレニティ」

スザンナがこの「セレニティ（serenity）」という言葉を使っている日記があります。『全文書』二一〇―二一一頁で、一七一〇／一一年三月一日付です。苦難を善用すること、この世的なものから離れることや永遠の幸福を求めることについて書いている文においてです。彼女の文を要約します。

すべてのことは神の計らいによって起こり、神はご自分の無限の智慧にしたがってすべてを導かれる。それゆえこの世で苦しみに出会うとき、明るい心でそれに立ち向かっていくべきである。この世での状態が最悪であるとき、私たちのあの世に対する期待は大きくなり、天国に近づくことができるのだ。

もし信仰によってこの世の富、名誉や快楽に勝つことができなければ、その信仰は弱く、私たちを救うことはできない。それゆえ苦難を善用して、この世に属するものから心を離し、永遠の幸福を求めなければならない。そうして初めて私たちは完全なserenityを与えられる。神以外のなにものも、私たちの不滅の魂を満足させることはできない。この世的な慰めが少ないときにこそ、神のお慰めが豊かであるということを私は度々経験してきた。

セレニティの現代的意味

神に信頼して苦難のただなかで心にセレニティをたたえていることは、現代の日本に生きている私たちにとって、大事なメッセージです。「セレニティ」は日本語にすれば「澄んだ静けさ」といったらよいでしょうか。重度の障害を負っていたクリスチャン詩人の水野源三(一九三七―八四)に「朝静かに」という詩があります。

朝静かに

朝静かに　この一日の　御恵みを　祈りおれば
我が心に　あふれくる　主イエスに　あるやすらぎ

朝静かに　霊の糧なる　御恵みを　学びおれば

我が心に　あふれくる　主イエスに　ある望み
朝静かに　新しい日をたもう御神　たたえおれば
我が心に　あふれくる　主イエスに　ある喜び

スザンナは毎朝祈っていたとき、このような「主イエスにあるやすらぎ」、「主イエスにある望み」と「主イエスにある喜び」が心にあふれるのを感じたはずです。

「静かであることを切望せよ」

一九五二年に私がアメリカ留学から帰国するとき、お世話になった牧師夫人からいただいた本 *Five Minutes a Day*（ed. Robert E. Speer, The Westminster Press, 1943）に、「静かであることを切望せよ」"Be Ambitious to be Quiet" と題したつぎのような詩が載っていました。

あなたがいい仕事をしているのに、世間がそれに気づかず、
褒めてくれないと言って、なぜ不満なのですか。
誠実な働き人よ、毎日沈黙のなかで働いているのは、そんなに厭なことですか。

町の交通の雑音は聞こえますが、空の白熱の世界の音は、なにも聞こえません。

日没の号砲の音は聞こえますが、太陽が沈むとき、音はしないのです。
トランペットを吹いて、褒めそやされるとき、その仕事や働き人の値打ちが上がるのですか。
神のように静かに働く人を、この地上に見出すことはできません。

サムエル・ヴァレンタイン・コール

Why fret you at your work because
The deaf world does not praise you?
Were it so bad, o workman true,
To work in silence all your days?

I hear the traffic in the street,
But not the white worlds over the town:
I heard the gun at sunset roar,
I did not hear the sun go down.

Are work and workman greater when
The trumpet blows their fame abroad?

Nowhere on earth is found the man
Who works as silently as God.

Samuel Valentine Cole

私はこの詩を最初に読んだとき、「神のように静かに働く人を、この地上に見出すことはできません」という言葉に、深く心を打たれました。私たちは、人々に自分の働きぶりを認めてもらい、称賛されたい、という思いが深いので、誰からも認められずに静かに働くことは望みません。ところで、ほんとうに私たちが望むべきことは人からの称賛ではなく、神さまが認めて、喜んでくださることなのです。

この詩を書いたサムエル・V・コール（一八五一―一九二五）は、一八九七年にアメリカのマサチューセッツ州にあるホイートン・カレッジ（Wheaton College）の初代の学長になった牧師、詩人です。この学校はシカゴの西にある同名の有名な大学とは違って、ホイートンという人が亡き娘を記念して建てた小さな女性の学校で、世間に知られていませんでした。コールは、この学校を四年制の大学にするために尽力して、一九二四年には大学として認可を受けることができ、一九八八年から男子も入学が許されました。そのようなわけで、人々に認められずに、黙々と働く人、というのは、まさに彼自身のことであったのです。

スザンナの祈り――称賛を求める罪からの潔め

スザンナも、ある日の昼の祈りで、人間の称賛を求める罪から救ってくださいと神に願っています（『全文書』二二三頁）。

私の心を潔めてください。この世的な尊敬を求めないように、人からの喝采を望むことをやめることができるように。「人間に頼るのをやめよ。鼻で息をしているだけの者に。どこに彼の値打ちがあるのか」。（イザヤ書二・二二）

Purify the mind, then, from all worldly regards, cease from desiring any applause "from man whose breath is in his nostrils, for wherein is he to be accounted of ?"

スザンナが、水野源三の「朝静かに」や、「静かであることを切望せよ」を読むことができたら、どんなに喜んだことでしょうか。もし彼女が現代に生きていたら、神学校の校長として立派に責任を果たすことができたであろう、と思われるほどの鋭い知性と学識を持っていた人物です。その彼女が、田舎の牧師の妻として、十数名の子どもに囲まれて、世間に知られることなく三八年間エプワースの牧師館に住んでいたのですから、彼女は欲求不満で苦しんだはずです。それゆえ、彼女は「人から喝采を受けたい、という誘惑に負けそうな罪から救ってください」と祈ったのです。

彼女がこのような霊的な日記を書いたのは、粗末なノートで、現在それが残っています。一流のキリスト教の指導者が書いたものに比べて遜色がない、と思われるほど、彼女の文章は素晴らしいものです。彼女は当時の有名な人々の書いたものを読んで、「自分もこれくらいのものなら書けるのに、自分は世間の人々に知られることなく、無名の人間として、ひっそりと田舎の牧師館で日々をすごしている」と何度も思ったはずです。前述の詩に、

あなたがいい仕事をしているのに、世間がそれに気づかず、
褒めてくれないと言って、なぜ不満なのですか。

とありますが、彼女はそのような不満を感じたことがあったと思います。しかし、すぐ彼女は気づきました。世間の人々から尊敬されたいと願うことは罪であると。そしてそれから潔められることを祈ったのです。

聖日は最も幸せな日！

私は、スザンナの『全文書』の三〇二頁から数頁にわたって、彼女が「聖日は何と幸せな日！」と繰り返し書いているのを読んで、心の底から驚きました。牧師の妻であり、多数の子どもたちに囲まれている彼女にとって、日曜日を迎えることは、いろいろな心遣いをしなければならない日であったはずなのに、なぜ「最も祝された、幸いな日！」と歓喜の叫びをあげることができたのだろ

うか、と不思議な気がしました。ところで彼女は日記に書いています。その理由は、生活の煩雑な仕事から離れて、心おきなく神の無限の愛を賛美することができる日であるからだと。一七〇九年五月二二日の日曜日の朝、彼女は長い文章を書いていますが、初めのところにつぎのように述べています。

あー主よ、最も幸せな日です。あなたの無限の愛と慈しみをたたえても、たたえても、十分にたたえることはできません。私の時間の七分の一をあなたさまのために使うことができるのですから！

Oh most happy day, Lord, I can never sufficiently adore thy infinite love and goodness in appropriating this seventh part of my time to thyself.

一七〇九年は最後の一九番目の子であるケザイアが生まれた年です。ジョンは六歳、チャールズは二歳でした。日曜日がくると、ジョンは母親の顔が喜びで輝くのを見たはずです。

讃美歌五六番「七日《なぬか》のたび路　やすけく過ぎて」

スザンナが聖日を最高に祝された日として愛したことを知ったとき、私が思い起こしたのは、奴隷船の船長から牧師になり、「アメイジング・グレイス」を作詞したジョン・ニュートン（一七二五

―一八〇七）が歌詞を書いた讃美歌五六番「七日のたび路　やすけく過ぎて」です。この賛美歌は一七七四年に発表されました。スザンナの死後三二年でしたので、彼女はこの賛美歌に接することができませんでした。

七日のたび路　やすけく過ぎて、
みまえにつどい　かしこみあおぐ、
今日こそあめの　休みのしるし。

じつは、この歌の日本語訳には原歌の大事なところが訳されていません。日曜日は「一週間で一番よい日」という言葉が英文にはあるのです。一節を原文と訳で紹介します。

Safely through another week
God has brought us on our way;
Let us each a blessing seek,
Waiting in His courts today;
Day of all the week the best,
Emblem of eternal rest.

無事にもう一週間
神は私たちを導いてくださいました。
主のみ前で今日、主のお恵みを求めましょう。
一週間で最も良い日です。
永遠の憩いの素晴らしさを予感させる日です。

この賛美歌でニュートンは、「聖日が一番よい日であるとともに、天国で私たちに与えられる永遠の憩いを予感させる日である」と述べています。

スザンナの「永遠の安息日」

じつはスザンナも同じことを述べているのです。一七〇九年一〇月九日付の聖日の日記に、日曜日がどのように祝された、幸いな日であるかと述べていますが、「まもなく私たちは天国に召されるときがきます。そのときに私たちは永遠の安息日を楽しむことができる」と告げています。

そのときあなたは永遠の安息日（an eternal sabbath）を楽しむことができます。すべての痛み、悲しみは消え失せ、疲れることなく、邪魔されることなく、心から喜んで父、子、聖霊の神をあがめ、愛し、賛美することができます。父、み子、聖霊の神に栄光があるように！

スザンナの息子のジョンは、ニュートンと親しくし、手紙を取り交わす仲でした。ニュートンは、牧師になる決意をしたとき、メソジストのグループに参加しようか、と考えたのですが、妻が「メソジストになると、社会の下層の人々と交わることになるので反対です」と述べたので、国教会の牧師になった、と伝えられています。当時の人々がメソジストの人々に対して偏見があったことが窺われる話です。

受肉の神秘に驚嘆したスザンナ

一七一〇年四月二日付棕櫚《しゅろ》の日曜日にスザンナは長い記事を日記に記しています（『全文書』三〇七―三〇九頁）。つぎに引用するフィリピの信徒への手紙二章六―八節に基づいて、神が人間の形をとられた受肉の神秘について、深く考え、驚きの思いを述べています。

キリストは、神の身分でありながら、神と等しい者であることに固執しようとは思われず、かえって自分を無にして、僕《しもべ》になり、人間と同じ者になられました。人間の姿で現れ、へりくだって、死に至るまで、それも十字架の死に至るまで従順でした。

「わたしの魂よ、主をたたえよ。わたしの内にあるものはこぞって、聖なる御名をたたえよ」（詩編一〇三・一）という賛美の言葉で文を始めた彼女は、「イエス・キリストは私たちと同じ人間となり、僕の形をとられた。これは何と驚嘆すべきことか！」と最大級の驚きの叫びをあげています。非常な驚きを示す二つの言葉“stupendous, amazing”を用いています。そして続けます。「それゆえ、全人類は最高の賛美を捧げるべきです」。賛美という言葉も、“adoration, praise”という二つの言葉を使っています。

ところが人間たちは、このような私たちの理解を超えるほどの愛を示してくださる神の愛に対して感動していないとは、不思議であり、イエス・キリストの苦難と死に対して世界の多くの人々が関心がないとは、なんと嘆かわしいことか、とスザンナは訴えています。

キリスト教のイロハのイである「受肉の真理である神がイエス・キリストによって人間になりたもうた」ということに対して、私たちは驚きを失っているのではないでしょうか。ところがスザンナは、心の底からそれに驚嘆して、神を賛美しているのです。

トーマス・マートン——人間であることの歓喜

私はスザンナのこの記事を読んで、トーマス・マートン（一九一五—六八）を想起しました。彼はアメリカのケンタッキー州にあるゲッセマネ修道院の有名な修道士です。彼はあるとき、近くのルイヴィルという都市を訪れたとき、驚くべき啓示を示されて、喜びのあまりに大声で笑ったというのです。その啓示とは、神が人間になられた、ということは何と素晴らしいことであるか、ということです。彼はつぎのように述べています。

人類の一人であるということは、なんと栄光にみちた運命でしょうか。この人類は、多くの愚かしいことを行い、恐るべき過ちを犯していますが、それにもかかわらず、神ご自身が人類の一人になることを栄光にみちたことと思われたのです！　このようなあたりまえのことに気づいて、あたかも宇宙的な賞金レースで当たりクジを手にいれたようなニュースと感じるというのは、なんと驚くべきことでしょうか。

マートンは、「神が人間になられたということは、素晴らしいことだ。人間は罪深いが、神がその罪に穢れた人間になることを栄光に満ちたことと思われたとは、なんと驚くべきお恵みか！　そのように考えると、人類の一人であることはなんと栄光にみちた運命であることか」と歓喜の叫びをあげています（自著『あなたは愛されています――ヘンリ・ナウエンを生かした言葉』教文館、第四章参照）。

このようにマートンは「人間であることは素晴らしい」と喜んでいるのです。ところでスザンナは、憐れみ深い神とイエス・キリストに対して、人間があまりに冷淡であることを嘆いています。もし彼女が、マートンのこのような人間肯定の説を読むことができたとすれば、彼女は驚いたのではないでしょうか。「神が罪深い人間の姿になることを栄光あることと思われた。それゆえ、人間であるということは素晴らしい運命であると喜ぶことができるのか。このようなことは、今まで考えたことがなかった。これは驚くべき発見だ！」と彼女は思ったでしょう。

アビラの聖テレサとスザンナ

スザンナの研究者であるジョン・A・ニュートンは、前述の著書第5章の冒頭で、カトリックの世界で有名なスペインのアビラの聖テレサに言及して、「スザンナと似ているところがある、静かに黙想にひたる生活をしながら、実際に仕事をてきぱきと遂行する実行力に恵まれていた」と述べています。

それで、私は、私なりにこの二人を比べてみたいと思います。

アビラの聖テレサ(St Terese of Ávila, 1515-82)は、スペインのマドリードの北西五三マイルのアビラの名家に生まれ、一四歳のときに愛する母を失い、深くものを考えるようになりました。一五三六年、二一歳で御託身修道院に入会したのです。

ところが彼女は修道女たちの生ぬるい生き方に心を痛めたのです。祈りに力がなく、修道院には町の上流階級の人々が多く訪れ、この世的な軽薄な話題がかわされるだけでした。それで彼女は一五六二年に聖ヨゼフ修道院を創立します。そこでは聖貧が強調されたので、世間の風当たりがひどかったのです。一五六七年に彼女は、これもまた有名な十字架の聖ヨハネ(一五四二―九一)と出会います。彼は二七歳年下の修道士で、二人は協力してカルメル修道会の霊的改革のために必死で尽力し、一五六八年に十字架のヨハネは男子修道院を創立しました。

ところが一五七七年、ヨハネは反改革派に捕えられて、トレドのカルメル会修道院に八か月幽閉され、虐待されたのですが、それは彼の霊魂の浄化のときでした。テレサは一五八二年に六七歳で召されるまで多くの修道院を創立し、一六二二年には、聖者として認定されました。

一五歳のテレサの魅力

私はテレサがどのような女性であるか知りたくて、マルセル・オクレール著『神のさすらい人——アビラの聖テレサ』（福岡カルメル会訳、サンパウロ）を入手して読みました。そこで私の興味を引いたのが、一五歳の彼女がどのように麗しく、素晴らしい女性であったかという箇所です。

彼女は美しい。……実に魅力的だった。親しい人々から聞いて伝記をまとめた謹厳なルイス・デ・レオン修士までが、テレサに近づく者はだれでも、「われを忘れてしまうほどだった」と書いている。「その美しさ、念入りな身だしなみ、機知に富む会話、優しくていねいな物腰には、無信仰者も聖人も、俗人も苦業家も、老人から若者に至るまでみんな心を奪われてしまう。テレサ自身、それに気づいていないわけではなかったが、心を許してはいなかった。幼い時も少女時代にも、世間にいても修道女になっても一目彼女を見たものは、まるで磁石に吸い寄せられる鉄のようにひきつけられるのだった」と。

磁石のように人々をひきつけたテレサの魅力についての描写を読みながら、私は考えました。彼女の魅力は表面的なものでなく、彼女の魂の美しさがあふれたものであったはずだと。そして、この賛辞は、そのままスザンナにも当てはまるのではないかと。テレサは「優しくていねいな物腰」を持っていたそうですが、スザンナの優雅な立ち居振る舞いは、美しい彼女の魅力を増していた、と言われています。テレサは磁石のように人々を彼女にひきつけたそうですが、スザンナにも、そのような不思議な魅力があったはずです。テレサは機知に富む会話で人々を魅了しましたが、スザンナは夫の留守のとき、台所で家族や働いていた人々と夕拝をしたときの彼女のスピーチがどのように人々をひきつけたかは、既に述べました。数回するうちに、彼女の話を聞くために三〇〇人ほどの人々が集まったというのですから、驚きです。ところで大事なことは、テレサとスザンナがどのように深く主イエスを愛したか、ということです。

テレサのキリストに対する熱愛

つぎに考えたいのは、テレサがどのようにキリストを熱愛したかです。一五五三年彼女が三八歳のとき、住んでいた御托身修道院に置いてあった「エッケ・ホモ（この人を見よ）」というキリストの胸像の傷におおわれた主のみ姿に、彼女の心は深く刺されました。「これほどの傷に対して自分がどれだけ忘恩であったか」と思い、滝の涙を流して悔い改めました。

翌年に彼女はアウグスティヌスの『告白録』を読んで、この世を愛することから決別するための闘いをしたこの聖人に、深く感動したのです。これらのことを通して彼女のなかに大きな変化が起こりました。キリストの愛のあまりに甘美なことに彼女は恍惚として、まるで失神したような状態に陥ることが何度か起こりました。「法悦」と呼ばれる状態で、周囲の司祭たちは、「これは悪魔の仕業だ！」と心配したほどでした。その後まもなく、彼女は不思議な経験をしました。キリストが自分の右に片時も離れずにおられるのを実感したのです。ベルニーニというイタリア人彫刻家が制作した、彼女が法悦の状態でいる姿を象った大理石の彫刻がローマのサンタ・マリア・デッラ・ヴィットーリア教会にあり、世界的に有名です。

スザンナの手紙にみる彼女の「法悦」の状態

本書第6章で、私は一七三三年一月一日に彼女がジョンにあてた手紙を「知られざる神」という節で紹介しました。そこでつぎのように述べています。

> スザンナは、哲学者、神学者を思わせる理路整然とした手紙を子どもたちに書いていますが、神秘家、芸術家のように、神の栄光と愛に圧倒されて、法悦の状態にあったことを示す手紙もあります。一七三三年一月一日付、エプワースからジョンにあてたものがそれです。

ここで大事なことは、この手紙が、彼女が神秘家のように、神の栄光と愛に圧倒されて、法悦の状態にあったことを示している、と私が書いていることです。アビラの聖テレサというキリスト教史上で有名な神秘家を紹介した後で、英国国教会の牧師夫人であったスザンナが、テレサと同じ傾向を持っていたことを知るのは、大変興味のあることです。スザンナのこの手紙の一部を紹介します。

そのように尊大な事柄について誰が考えたり、話したりできるでしょうか。——神の偉大さ、尊厳は、私たちを驚嘆させます！　神の神聖な憐れみ、人間を贖いたもうその愛は、私たちを面食らわせ、圧倒します！　神の栄光を感じるとき、私たちの弱い感覚は、一時働きをとめ、創造者である神の前に、肉体は失神するのです。

この引用文の最初の四行は非常に大事ですので、原文で紹介します。

Who can think, much less speak, on that vast subject.... his greatness, his dignity, astonishes us! The purity of his goodness, his redeeming love, confounds and overwhelms us! At the perception of his glory our feeble powers are suspended, and nature faints before God of nature.

スザンナも、テレサのように、神の驚くべき愛に圧倒されて、失神の状態に陥ることがあったのです。もしスザンナが、テレサの書いた本を読むことができたら、彼女はどんなに感激したことでしょうか。じつはジョン・A・ニュートンは、スザンナの父アンスリーがテレサの書物を読んでいた証拠があると書いています。彼は説教のなかで、「テレジアの行動原理である〈神に属さないすべてのことは無である〉」（Teresia's Maxim, "All that is not God is nothing."）に言及しているとのことです。アンスリー牧師が、テレサの影響を受けていたということは、とても興味がある事実です。「ローマは一日にしてならず」という言葉がありますが、スザンナの信仰、また息子ジョンの信仰は、その父、また母によって養われていたことが分かります。

スザンナは神に対する愛を彼女の信仰生活の中心に据えましたが、それは彼女の父アンスリー牧師の影響である、とジョン・A・ニュートンは書いています。アンスリーは説教において述べました。

神に対する愛ゆえに、すべてのことを行いなさい。霊的な恋煩いは、魂のもっとも健康的な状態なのです。神への愛が信仰の業の原因、方法、また目的であるとき、魂は休息に向かって飛ぶことができます。

「霊的な恋煩い」の箇所は、原語ではつぎのようになっています。

Spiritual love-sickness is the soul's healthfullest condition.

アンスリー牧師は、常に神に対して恋煩いの状態であったのでしょう。神の愛を求め、神の愛が感じられないときは、心は悲しみに満ちていたのでしょう。私は「霊的な恋煩い」という表現に初めて出会いました。スザンナは父の影響を受けて、つぎのように書いているとジョン・A・ニュートンは述べています。

私たちは、心を尽くし、精神を尽くし、思いを尽くし、力を尽くして、神を愛さねばなりません。神がそばにおられないと不安になり、神の恵みがなければ、落ち着かず、神に少しは似たところがなければ、満足できないほどに。

ところで、スザンナがこのような手紙を息子のジョンに書いたということは、驚くべきことです。自分が神の愛に圧倒されて、気を失うことがある、という自分の魂の秘密を、彼女はそっと愛する息子にだけ伝えています。実は彼女は、「この手紙を焼いてください」と頼んでいるのです。身内の人を批判する箇所があるから、という理由ですが、ほんとうは、この自分の魂のなかで起こっていることは、誰にも知られたくなかったのだ、と私は推測します。でもなんと幸せな親子でしょうか！　このような手紙を書くことができた母親と、それを受け取ることができた息子は！

息子ジョンのための祈り

『全文書』の二三五頁に、スザンナがジョンのために捧げた祈りが記されています。一七一一年五月一七日の夕べの祈りです。その日は、あと一か月で彼が満八歳になる日であり、また木曜日で、ジョンと霊的な話をする日でした。

主のすべての憐れみに対して、私は何をして御報いしたらよいのでしょうか？　私のちいさな無価値の賛美は、あまりにも貧しく、つまらない捧げものですので、ほんとうに恥じ入るだけです。しかし主よ、キリストのゆえにその賛美を受け入れてくださり、犠牲が少ないのをお赦しくださいませ。

私は私自身とあなたが私に与えてくださったものすべてを、あなたにお捧げします。そして私の人生の残りのすべてをあなたにお仕えするために用いたいと決心したいのです。そのようにできるように恵んでください。この子の魂に対して以前よりももっと特別に深い配慮を払いたいのです。あなたはこの子の魂を恵み深く今まで養ってくださいましたから。この子の心にあなたの真の宗教と美徳の信条を教え込むように努力したいのです。主よ、このことを誠実に、また慎重にできるように、私の企てが立派に成功するようにお恵みくださいませ。

スザンナが命をかけて祈っている姿を知るために、彼女の祈りの後半を原語で紹介します。

I would (if I durst) humbly offer thee myself, and all that thou hast given me, and I would resolve (Oh, give me grace to do it) that the residue of my life shall be all devoted to thy service. And I do intend to be more particularly careful of the soul of this child that thou hast so mercifully provided for than ever I have been, that I may do my endeavour to instill into his mind the principles of thy true religion and virtue. Lord, give me grace to do it sincerely and prudently, and bless my attempts with good success.

この祈りを捧げたとき、スザンナは四二歳で、最後の一九番目の娘が生まれてから二年たっていましたので、多くの子どもたちに囲まれて生活していたのですが、彼女はまだ幼い七歳のジョンのなかに、神の不思議なお導きを感じ取っていたのでしょう。これはその息子のための祈りであるとともに、彼女の真剣な献身の祈りです。多くの彼女の祈りのなかでも、とくに大事な祈りです。自分自身と神が彼女に与えたすべてを捧げるという祈りです。自分のほんとうの生きがいは、ジョンが神に仕える者になることである、と彼女は確信していました。「私はあなたのために絶えず祈っています」と彼女は成人した彼に送った手紙に書いていますが、彼のための祈りは、彼女にとって呼吸のようなものであったのでしょう。

第9章　ヘティの悲劇

ヘティとはどんな娘であったか

スザンナが生んだ一九人の子どものうち、成人したのは、三人の息子——サムエル、ジョン、チャールズと七人の娘でした。それらの娘のなかで、メヘタベル（Mehetabel）、通称ヘティ（Hetty）は優れた知性と魅力的な美貌に恵まれていました。彼女の才能に気づいた父サムエルは、他の娘たちには与えなかった特別な教育を彼女に施したのです。古典語であるギリシア語とラテン語を教えたところ、彼女は九歳になるとそれらの言語を読むことができたのです。

また詩人であった父の血を引いていたので、詩を書く才能があり、父を喜ばせました。彼はヨブ記について深く研究して注釈の本を書くことが生涯の目的であり、その仕事に打ち込んでいたので、ヘティにその原稿を浄書させました。彼女の美しい筆跡で書かれた原稿は、父の仕事をはかどらせました。

この娘を特別に愛した父は、彼女が成長すると、彼女の交際相手の男性たちについて厳しい評価をして、彼らから娘を遠ざける態度にでました。

クイラー・クーチの小説『ヘティ・ウェスレー』

彼女は美しいだけでなく、生気にあふれ、人々をひきつける不思議な魅力を持っていました。それゆえ多くの男性たちの憧れの的であり、その結果、悲劇的な生涯を送ることになったのです。英国の優れた作家、詩人で評論家のアーサー・トーマス・クイラー・クーチ卿（Sir Arthur Thomas Quiller-Couch, 1863-1944）は、このヘティの運命に胸を打たれて、彼女を主人公とする小説 *Hetty Wesley* を一九〇三年に書き、それが有名な Everyman's Library に収録されています。私は幸いにもそれを読むことができ、彼が二七歳のヘティの素晴らしさを描いているつぎの文章に心を奪われました。私訳で紹介します。

六人の娘たちは美しかったのですが、ヘティの麗しさは輝いて（glorious）いました。彼女の髪の毛はとび色というよりは茶色がかっており、エミリアの髪とは比べものにならず、彼女の眉はパティーよりも濃く、上品に円を描いており、その皮膚は透き通るようでした……彼女の母のように背が高く、母よりも立ち居振る舞いが優雅で……田舎じみた仕事着を着て、粗末な靴をはいているクイーンであり、恋のために創られ、恋に向かって成長していたのですが、その動きは抑圧されていました。

女性の麗しさを表現するのに "glorious" という形容詞を用いているのに、私は初めて出会いました。クイラー・クーチが、心からヘティを愛して小説を書いたことが伺われます。また、彼女が書いた詩がいくつか残されていますが、詩人としての才能においても、優れていました。賛美歌研究者の草分けで『賛美歌辞典』(*Dictionary of Hymnology*, 1907)を書いたジョン・ジュリアン(John Julian, 1835-1913)は、「もし彼女が賛美歌をかいたなら、チャールズの賛美歌に匹敵するすばらしい賛美歌を書いたであろう」と述べているそうです。

ヘティの不幸な恋

ヘティの不幸な恋のいきさつを詳細に伝えているのが、すでに紹介したレベカ・ラマー・ハルモンの『スザンナ――ウェスレー家の母』です。ヘティをとりまいていた男性の一人であったジョン・ロムリ(John Romley)は彼女に求婚しました。ヘティの父サムエルの浄書者であり、副牧師としてサムエルと一緒に牧会にも一時携わったことがある青年でしたが、ヘティは彼に特別な愛情を感じていなかったのです。それでも父は二人の間を引き裂くために、彼女を近くのケルスタインという町に住んでいたグランサム夫妻のところに送りました。そこの二人の子どもの家庭教師として住み込むためでした。

このケルスタインの町で、ヘティは若い弁護士と出会ったのです。腕利きの弁護士で、良い家の出であると思われていた人物で、彼女は彼に夢中になりました。彼は彼女の父に正式に結婚の許しを求めましたので、サムエルはその青年の来歴を調べて、道徳的に問題がある弁護士であることが分かったため、求婚を断り、ヘティに二度と彼に会わないように命じました。

しかし彼女はすでに二七歳になっており、今まで父親の介入でいろいろ苦労したことがあったので、今度は自分の意思で決定しようと覚悟を決めました。一方、その愛人は二人で駆け落ちして、結婚式をあげ、必ず彼女を幸せにすると言葉たくみに迫りました。それで二人は密かに家を出て宿に泊まり、翌日式をあげることにしたのです。ところがその青年は、態度がかわって式をあげようとしなかったのです。この駆け落ちが起こったのは、一七二五年四月の初めごろでした。

その結果、彼女は彼に捨てられ、妊娠五か月の身で、家族がその当時住んでいたウルート（Wroot）の牧師館に悲惨な帰宅をしたのです。サムエルは一七二四年にエプワースの近くのウルート教区の牧師を兼任することになり、そこの牧師館に住んでいたのです。ところで、彼女を裏切った男性の名前はウィル・アトキンスであったという説があるそうですが、それも確かではありません。ヘティは口を閉ざして男性の名前を明かさなかったのです。

ヘティを赦さなかった父サムエル

ヘティの帰宅の日から、彼女の苦難の日々が始まりました。それは父サムエルが絶対に彼女を赦すことができなかったゆえの苦悩でした。サムエルは最も愛した娘に対する信頼を裏切られたという深い怒りゆえに彼女に厳しく接したのですが、実は牧師としての彼は、性的な罪を犯した教区民に対して異常とも思えるほどの罰を課していたのです。例えば、姦通罪を犯した人間の体を白い布で覆い、会堂の冷たい土の床にしばらく立たせるなどしていたのです。それですから、結婚しないで妊娠した娘を赦すことができなかったのです。

ヘティは、生まれてくる子どもの父親となってくれる人と早く結婚して落ち着きたいと願い、誰でもよいからそういう人が現れることを望むと家族に伝え、サムエルもそれが最善の策だと思っていました。そこに彼の家を訪れたのがウィリアム・ライト（William Wright）という配管工の職人でした。人はよくても、まったく学問が無く粗野なこの人物を見て、ヘティは尻込みしたのですが、サムエルは積極的に二人の結婚を推し進めましたので、彼女は観念して彼と式をあげました。一七二五年一〇月一三日で、場所はエプワースの近くのハクセイ（Haxey）という町の教会でした。ヘティは、夫と自分の間に教養において大きな差があるのも関わらず、夫を愛して幸せにしようと努めたけなげな女性でした。ところが結婚の四か月後の一七二六年二月に生まれた娘は、一二月二七日に亡くなり、彼女は深い悲しみを味わいました。

彼女の家族のなかで、同情を示してくれたのは、三人の兄弟たちと、一歳年上の姉で体に障害があったメアリーだけでした。ある日、ヘティは家族に会いたくてウルートの牧師館を訪れて二、三日滞在したのですが、父に一目も会うことができず、心の傷は前よりも深くなって自宅のあるルース（Louth）に帰りました。その後間もなく、ヘティは二番目の子である息子を生んだのですが、その子も数日後に亡くなりました。

ジョンの一七二六年八月二九日付の手紙

一七二六年の夏、ジョンは父の伝道を助けるためにウルートに滞在したので、父親にヘティに対して優しく接するように説得に努めたのですが、なんの効き目もないのです。それでジョンは八月二八日の説教の題に「悪しき者に慈愛を」を選び、父親の心に訴えたのですが、父は「自分の面前で姉の味方をする」と怒った手紙をチャールズに書いたのです。

このことに関して、ジョンが兄のサムエルにあてて一七二六年八月二九日に書いた手紙は、大変重要です。

> 父がヘティのことを話すとき、この上もない嫌悪感を示します。父と母二人と、何人かの姉妹たちは、ヘティの悔い改めが見せかけだけだと信じています(Both he and my mother and several of my sisters were persuaded her penitence was all feigned)。前述の説教を私が書いた理由は、彼らにつぎのことを納得してもらうためなのです。彼女が悔い改めていない、と万一仮定しても、彼女に優しさを示すべきだ、ということです。私がその説教の原稿を母に読んできかせたところが、母はすぐそれが分かって、「あなたはヘティのためにこの説教を書いたのね」と言ってくれました。

この手紙で大事なのは、両親や姉妹たちがヘティの悔い改めが本物でなく、見せかけ(feigned)

である、と信じこんで、彼女を赦すことができなかった、という点です。その結果、父親は彼女に対してこのうえもなく冷たい態度を示したのです。ジョンは、彼女は本気で悔い改めていると信じていたので、この手紙を書いたのですが、家族に向かって万一悔い改めが偽物であっても、彼女には優しくすべきである、と述べたのです。

サムエルだけでなくスザンナも、ヘティの悔い改めは見せかけだけと信じて、彼女を赦すことができませんでした。当時、彼女は一度も不幸な娘を訪れなかったのです。しかし、母は母なりに苦しみ、もともと病弱であったのですが、ひどく健康を害して床につくことが多くなっていました。この母親は、神の赦しは、真実に悔い改める人にのみ与えられると信じていたのです。すなわち、神の赦しは真の悔い改めを条件としている、と本気で考えていました。

無条件の神の赦しについて

私は、ここまで書いてきて、「条件つきの神の赦し」についてぜひ述べたいことがあります。一七三八年五月二四日のジョンの有名な回心については後でくわしく述べますが、その二週間後に彼はドイツのモラヴィア兄弟団を訪ねて、三か月を過ごしました。そこで彼が最も感激したのは、かつて大工職人であった彼らの指導者クリスチャン・デイヴィドの説教でした。

あなたがたは、もし義とされるために、もっと謙遜であり、もっと罪を悲しみ、もっと罪の重荷を感じなければならないと思うならば、それは間違いです。なぜなら、あなたの謙遜、悲嘆、罪を感じて苦しんでいることが、あなたがたが義とされることの条件となっているからです。

ジョンはこの説教を聞いて、衝撃を受けたはずです。きっと彼は一二年前の一七二六年八月二九日に書いた自分の手紙を想起していたでしょう。彼の両親や姉妹たちは、罪が赦され、義とされるためには、本当の謙遜、罪を悲しみ、苦しむ本当の悔い改めが必要であると信じていたからです。彼らは「ヘティの悔い改めは、本物ではない。彼女はもっと自分の罪を悲しみ、苦しむべきである。それゆえ彼女を赦し、彼女に優しく接することはできない」と思って、彼女に辛くあたっていたのです。「無条件の神の赦し」――これは、彼らが全く知らなかったことで、この点がスザンナの信仰の限界を示していると私は思います。

ジョン自身は、ヘティは本当に悔い改めて、苦しんでいると信じていたはずです。しかし彼はデイヴィドのように、神が無条件に、罪を悔い改めることができない人を赦し、義としてくださるとは回心前には信じていなかったのです。それゆえデイヴィドのこの説教は、彼に「新しい福音」として響きました。

三人目の子どもを亡くしたときのヘティの詩

それでは、苦難のなかに生きたヘティに戻ります。二番目の子どもも生後まもなく亡くなったことはすでに述べましたが、一七二八年九月二五日に生まれた三番目の子どもも、生後三日で息が絶えたのです。病床にいた彼女は、その耐えがたい苦しみを詩にし、それを夫に口述しました。彼はその詩をオックスフォード大学の特別研究員であったジョン・ウェスレーに送りました。その詩は、いままで母親が自分の子どもの死について書いた詩のなかで、最も悲痛な調べを奏でているものではないでしょうか。この詩に心を打たれたジョンは、後にこれを彼が編集していた雑誌『アルミニアン・マガジン』に載せました。その詩を紹介します。

死にかけているわが子への言葉

なんと優しい柔らかさ！　穏やかなわが子よ！
玉のように美しく、このうえもなく愛らしい子よ！
しばしの輝き、美しい肉体よ！
ひと日の微笑みのすばらしさ！
あなたの弱い心臓を
最後の痙攣が引き裂く前に。
長い気絶によって
あなたの瞼が閉じる前に。

あー、あなたの呻き、悲嘆よりも深い
母親の嘆きに気づいてください。
　このうえもなく美しい眼よ、
その初めての光を見て私は歓喜にあふれました。
あなたの眼が無くなるまえに
私にその輝きを注いでください！
しおれていく美しさよ、みずみずしい花よ！
ひと時の間《ま》に咲いて枯れてゆく！
あなたの優しい胸が
最後の、最も激しい、死の痛みを感じる前に
私の願いを聞いてください！
私をあなたの運命の道づれにしてください！

A Mother's Address to Her Dying Infant

Tender softness! Infant mild!
Perfect, sweetest, loveliest child!

Transient luster! Beauteous clay!
Smiling wonder of a day!
Ere the last convulsive start
Rends thy unresisting heart;
Ere the long-enduring swoon
Weigh thy precious eyelids down;
Ah, regard a mother's moan,
Anguish deeper than thy own.
    Fairest eyes, whose dawning light
Late with rapture blest my sight,
Ere your orbs extinguished be,
Bend thy trembling beams on me!
Drooping sweetness! verdant flower!
Blooming, withering in an hour!
Ere thy gentle breast sustains
Latest, fiercest, mortal pains,
Hear a suppliant! Let me be

Partner in thy destiny!

その後のヘティ

この詩を書いた一七二八年の前の年のころだと思われますが、ヘティはロンドンのソーホーに住んでいました。彼女の父方の叔父のマシュー・ウェスレーが五〇〇ポンドという大金を彼女の夫に与えたので、彼はソーホーに配管工とガラス工のための仕事場を作ることができました。

生活が一応安定したと思われたのですが、夫のウィリアムの酒癖がだんだん悪くなり、ヘティの心を悩ませました。そこにまた悲劇が起こりました。四人目の子どもも幼児のうちに亡くなったのです。彼女の絶望は深まり、神が自分を呪っておられ、どんなに努力しても、神は自分を見捨てておられる、と感じていました。

一七三五年に父サムエルの葬儀のときに、彼女が出席していた、と伝えている人はいないので、多分彼女は姿をあらわさなかったのでしょう。ところが嬉しいことに、一七三九年にスザンナがロンドンのメソジストの本部であるファウンダリーに住むようになると、ヘティはそこで母親や近くに住んでいる姉妹たちと度々楽しい語らいをすることができました。その結果、彼女はメソジストの会員になってジョンを喜ばせました。彼女の兄弟姉妹のなかで一番彼女のために尽くしたのはチャールズでした。度々彼女の家を訪れて、夫ウィリアムを信仰に導く努力をしました。

一七五〇年三月二一日にヘティが五三歳で亡くなったとき、彼女を墓場まで見送ったのは、彼女の兄弟姉妹のなかでチャールズ一人でした。彼はヘティの死後、何度もウィリアム・ライトを訪れ、彼としんみり語り会いました。ウィリアムは再婚しましたが、彼がほんとうに愛していたのはヘティだけだとチャールズに告げました。ウィリアムの晩年、チャールズは彼の良き友として慰め導きました。ウィリアムはその人生の最後に罪を悔い改め、神の赦しによって新しい人となって天国に旅立ちました。チャールズはその様子を見て、天国にいるヘティがどんなに大きな喜びを感じているだろうか、と思ったでしょう。

第10章　ジョン・ウェスレーの渡米と回心

ジョンの渡米

ジョン・ウェスレーは、サムエルとスザンナの一五番目の子どもで、一七〇三年六月一七日に生まれました。父母の期待を一身に負ったジョンは、一〇歳で名門のチャーター・ハウス校に入学、一七歳のとき、オックスフォード大学のクライスト・チャーチ・カレッジに入学、二〇歳で文学士の学位を受けました。一七二六年、ジョンが二三歳でリンカーン・カレッジの研究員（fellow）に選ばれたというニュースは、苦難つづきの両親をこの上なく喜ばせました。その翌年から二年間、彼はエプワースに帰って父の牧会を手伝うことになります。それからまもなく、父サムエルは、馬車の事故で大けがをし、ついに一七三五年四月二五日、七二歳で天に召されました。

未亡人となったスザンナは、一時、エプワースから七、八マイル離れているゲインズバラという美しい町で、娘エミリアのもとに身をよせました。この娘は、その町で学校を創立して経営していたので、スザンナはそこで教師としてしばらく教えたのではないでしょうか。疲れきっていたスザンナの心身は、日毎に元気を取り戻していったのです。

ジョン・ウェスレー

そんなところに、ある日、何の前ぶれもなくジョンがオックスフォードから訪れました。北米ジョージアに宣教師としてゆくことを求められていたので、母の意見を聞きにきたのです。スザンナは、顔を輝かせ、きっぱりと述べました。「もし私に息子が二〇名あったとして、そして私の生涯において息子たちと再び地上で会う機会がないとしても、息子たちが皆そのように神のご用に立つことは、母としてこの上もなく嬉しいことですよ」と。危険な船旅をして新大陸に渡れば、これが地上の最後の別れになるかもしれないことを覚悟して、母は息子を励ましました。

この言葉は、日本最初のプロテスタントの宣教師の一人であるサムエル・R・ブラウン（一八一〇―一八八〇）の母フィーベを思い出させます。彼女は、息子が地の涯と思われる東洋に宣教師として出発しようとするとき、息子の手をしっかり握り、「わが子よ、進んでゆきなさい。上に向かって行きなさい。神とあなたの天職を、あなたの標語としなさい。罪のほか、何も恐れないで、キリストのため、人類の大目的のために生きなさい」と告げたのです。彼女の死期が近づいたとき、息子にあてて、「あなたが日本で働いているほど喜ばしいことはない」と手紙に書きました。

ジョージア植民地の宣教師となる

ジョージア植民地は、一七三二年に軍人であったジェームズ・オグルソープ（一六九六―一七八五）によって開始されました。当時英国では、負債によって投獄された多くの哀れな人々がおり、牢獄から出たあと彼らをどのようにするかが大問題でした。それでオグルソープは、彼らの避難場所として北米のジョージアを選び、一七三二年に国王ジョージ二世から勅許状を得て、彼を長とする評議員が責任をとることにして、一七三三年に最初の植民者のグループをジョージアに送りました。オグルソープは一七三五年にグループを送るに際して、ジョージアの住民の魂の導き手として、ジョンに是非同行して欲しい、と懇願しました。ジョンはその求めに応じて、渡米することにしました。

それでは、どのような理由でジョンは植民地の宣教師になることを決意したのでしょうか。アメリカに出発する一一日前に、彼は友人に手紙を書きました。自分がジョージアに行くのは「私自身の魂を救うという希望です。私の希望は、キリストの福音を異教徒に説教することによって、その真の意味を学ぶことです」と。ウェスレー研究者であるマルティン・シュミットは、「自分の魂を救うこととということとは、宗教的なエゴイズムではない」と述べています。ジョンは、自分がまだほんとうの救いを経験していないことを痛いほどに自覚していました。そして異教徒に福音を伝えることによって、福音のほんとうの意味を教えられるであろうと望んでいたのです。三二歳の優秀な牧師であると思われていたジョンは、自分はまだほんとうの福音の意味が分かっていないことに悩んでいたのです。

一七三五年一〇月二一日、三二歳のジョンは、弟のチャールズといっしょに、アメリカのジョージアに向けて三か月の長旅に出ました。ある日、ひどい暴風雨におそわれ、船客一同の生命が危険に陥るという事件に出会いました。さすがのジョンも、死の恐怖におそわれ、それに打ち勝とうと真剣に祈りをささげたのですが、そのとき、不思議な一群の船客の姿に彼の心はとらえられました。「モラヴィア兄弟団」とよばれるプロテスタントの男女、大人や子どもたちが、平安をたたえた表情で賛美歌を歌っているのです。近よって尋ねてみると、彼らは、女性や子どもたちさえも死を恐れていない、というのです。ジョンは、未だかつて感じたことのない驚きにとらわれ、彼らにあって自分にはないもの——死の恐怖に打ち勝つ信仰——はいったい何ものであり、どうすれば、自分もそれを持つことができるかを考えはじめました。ジョージアでモラヴィア兄弟団の人々と交わりを深めることにより、ジョンは彼らから信仰について学ぶことが多いことを実感しました。

ところで、米国での伝道はみじめな失敗でした。ジョンは、一七三八年二月一日に英国のディールに上陸したのですが、重い心をもてあましていました。船中で書いた一七三八年一月二四日の日記に、彼は苦しい思いを吐露しています。


私はインディアンを回心させるためにアメリカに行ったのだ。しかし、ああ、誰が私を回心させてくれるのか?

I went to America to convert the Indians; but oh, who shall convert me?

モラヴィア兄弟団について

ジョンはロンドンに帰るや、モラヴィア派の伝道者ペーター・ベーラーとの交わりを深め、霊的に大きな目覚めを経験しました。さて、モラヴィア兄弟団は、ツィンツェンドルフ伯爵（一七〇〇—六〇）が、モラヴィア（今のチェコの東部の地域）から迫害をのがれてきた新教徒を保護することに端を発して創立した敬虔な新教徒の集団です。この伯爵は一九歳の青年のとき（一七一九年）、デュッセルドルフの美術館を訪れ、そこにあったドメニコ・フェチの「エッケ・ホモ」（この人を見よ）という絵を見て、生涯を決定する感動を受けました。キリストは、いばらの冠をいただいており、血がそのみ顔にしたたり、人類の罪のための苦しみが、そのみ顔のしわにきざまれています。その絵の下にラテン語で、「私は、あなたのために十字架にかかった。あなたがたは、私のために何をしたか」という言葉が彫られてありました。この貴公子は、しばしこの絵の前に釘づけになり、その生涯をイエスにささげる決意をしました。

モラヴィア兄弟団のキリスト者は、初代教会の信徒の熱心さと、単純で純粋な信仰を持っており、キリストを心から信頼して生きていました。ルターの「信仰による義」が、単なる教理としてではなく、生きた教理として彼らのハートの底にまでしみこんでいました。

この兄弟団に属していた二五歳のペーター・ベーラーとジョンは、深く交わることができました。

その出会いによってジョンが教えられたことは、「人は信仰のみによって救われる」ということでした。しかしジョンは、それを素直に信じることが出来なかったのです。神の赦しは、自分たちの絶えざる努力によって獲得されるべきなのだが、自分が清くありたいと努力すればするほど、罪を重ねてしまう、とベーラーに述べました。

するとベーラーは、つぎのように答えました。

信じなさい。そうすれば、あなたは救われます。主イエスを心から信じなさい。そうすれば不可能なことはありません。この信仰は、それがもたらす救いと同様に、神の無償の賜物（free gift）なのです……あなた自身の善行とあなた自身の義を脱ぎ捨てて、裸になりなさい。そして主のみもとに裸のまま行きなさい。

英国国教会の信仰箇条には「信仰のみによる救い」は明記されていたのですが、それは有名無実になっていたのです。それでジョンは、救いとは人間の努力に対する報酬として神から与えられるもので、無償の賜物であると信じることができなかったのです。ジョンは、牧師であるのに、説教をつづけることができないほどの霊的危機を経験しました。

ペーター・ベーラーについて

ジョンの回心に関して、重大な影響を与えたペーター・ベーラーとは、どのような人物であったのでしょうか。マルティン・シュミットによると、彼は一七一二年一二月にフランクフルトで生まれ、三五歳のジョンに出会った一七三八年二月には二五歳の若者でした。彼の父は息子が医学を学ぶことを切望していたのですが、彼は神学を学ぶためにイェーナ大学に入学しました。じつは彼はある決定的な出会いを経験していたのです。彼はある牧師と、瀕死の状態にある一人の女性を訪れました。彼女は、救い主イエスの血によって自分のすべての罪が赦されたことを信じて、自分の死を受け入れていたのです。彼女の輝いていた姿に感激した彼は、医者ではなく、伝道者の道を選んだのです。ところで彼が回心を経験したのは、ツィンツェンドルフ伯爵がイェーナを訪れた時でした。この伯爵はベーラーの人並み優れた人柄を見込んで、彼の息子の家庭教師になるよう頼んだので、ベーラーはイェーナ大学で教えていた仕事を止めました。その後、彼は牧師となり、モラヴィア兄弟団から宣教師として英国と米国に派遣され、それらの国でよい奉仕をしました。

ペーター・ベーラー

　このような経歴を持っていたベーラーは、ジョンに出会って彼の信仰の問題性に気づいたとき、「救いをもたらす信仰は、神の無償の賜物（free gift）なのです……あなた自身の善行とあなた自身の義を脱ぎ捨てて、裸になりなさい」と強調したのです。しかしジョンは、「罪の赦しは無条件で与えられるものではない。無償の賜物ではない。善行を行い、道徳的に向上する程度に応じて与えられる」と信じ込んでいたのです。そのとき、彼らはジョンが研究員として使用していたオックスフォード大学の部屋にいました。ベーラーは、ジョンを納得させるために三人の証人を連れてきて、彼らが救われた証しを聞かせました。それでもジョンが信じようとしないので、ロンドンに着くや八人の証人を呼んだのです。なぜジョンは、救いが神の無償の賜物であるということに対して強い不信を持っていたのでしょうか。彼はつぎのように述べています。

私は若いときから、自分では気がついていなかったのですが、自分が救われる希望は、自分の善行や自分の義（my own works or righteousness）に基づいていると信じていました。

この発言で大事なのは、「若いときから」という箇所です。母親スザンナに導かれて信仰生活をしてきた彼は、罪が赦されて救われるためには、自分の善行や自分の義が必要であると若いときから信じていたのです。すなわち神による罪の赦しは無条件でなく、自分の善行と義を条件としていると母に教えられていたのです。

本書第9章「ヘティの悲劇」で、父サムエルと母スザンナは、娘ヘティの悔い改めが「見せかけ」で、本心からのものでないという理由で彼女を決して赦さなかったことを述べました。この父母は、

2 Take full possession of my heart,
To me Thy lowly mind impart;
Break nature's bonds, and let me see,
He whom Thou free'st, indeed is free.

3 Still will I wait, O Lord, on Thee,
Till in Thy light the light I see;
Till Thou in my behalf appear,
To banish every doubt and fear.

4 Then e'en in storms I Thee shall know,
My sure Support and Refuge too;
In every trial I shall prove,
Assuredly, that God is love.

Chr. F. Richter, M.D., 1676–1711; The Rev. J. Wesley, tr., 1703–1791

ジョンが英訳した賛美歌

神の罪の赦しは、本心から悔い改める者にのみ与えられると信じていたのです。それですから、ベーラーのように、神の赦しが無条件であり、「無償の贈り物」であるとはまったく考えていませんでした。その点に関しては、ジョンも同じであったのです。

そのようなジョンも、ついには「信仰のみによる義」を受け入れ、神の赦しが無条件であると信じることができました。彼は感激のあまり立ちあがって、「それでは皆で“My soul before Thee prostrate lies”(「私の魂はみ前にひれ伏します」)を歌いましょう!」と述べたのです。幸い、この賛美歌をネットで見つけました。

この賛美歌は、ドイツのハレという町を中心にしていた敬虔主義のグループの医者であり、詩人であったクリスチャン・F・リヒターの作詞によるもので、ジョンがジョージアに滞在していた時に英訳したものです。曲はクリスチャン・クノール・フォン・ローゼンロス作です。

1. My soul before Thee prostrate lies,
To Thee, its Source, my spirit flies;
O turn to me Thy cheering face;
I'm poor, enrich me with Thy grace.

2. Take full possession of my heart,
To me Thy lowly mind impart;
Break nature's bonds, and let me see,
He whom Thou free'st, indeed is free.

3. Still will I wait, O Lord, on Thee,
Till in Thy light the light I see;
Till Thou in my behalf appear,
To banish every doubt and fear.

4. Then e'ven in storms I Thee shall
My sure Support and Refuge too;

In every trial I shall prove,
Assuredly, that God is love.

一、私の魂はみ前にひれ伏します。
私の源であるあなたに、私の霊は飛んでゆきます。
あなたの元気を与えたもうみ顔を私に向けてください。
貧しい私を、あなたのお恵みによって豊かにしてください。

二、私の心をすべてあなたの物としてください。
あなたの謙遜なみ心を、私に与えてください。
人間性の束縛を打ち破り、私に示してください。
あなたが自由にされた人間が、ほんとうに自由であることを。

三、主よ、私は静かに待ちます。
あなたの光のなかに光を見出すまで。
あなたが私のために現れてくださり、
あらゆる疑惑と恐怖を追い払ってくださるまで。

四、そうなれば、嵐のときにも、私は分かるのです。
あなたが私を助けてくださり、のがれ場であることが。
あらゆる試練のとき、私は確信を持って証明します。
神は愛であると。

この歌で大事なのは、"prostrate"「ひれ伏す」という言葉です。それまでベーラーが主張していた「信仰のみによる義」に抵抗していたジョンは、ついにひれ伏して、神の無償の賜物ゆえに神を賛美することができるようになりました。

ジョンの回心

このようなジョンに、決定的な光がさしたのは、一七三八年五月二四日水曜日です。彼は気のすすまないまま、ロンドンのアルダスゲイト街のモラヴィア派の信者が出席していた小さな集会に出席しました。彼は日記につぎのように記しています。

そこでひとりの人が、ルターの「ローマ人への手紙」の序文を読んでいた。九時一五分前ごろ、彼がキリストを信じる信仰により神が心の中になされる変化について述べている間に、私は私の心が不思議に燃えるのを感じた。私は救われるためにただキリストだけに信頼しているのを感じた。そして、神は私の罪を、私の罪さえも、すでに取り去られ、罪と死の法則から私を救い出してくださった、という確信が与えられた。

（M・スターキー著『ウェスレーの聖霊の神学』山内一郎／清水光雄訳、新教出版社より）

この「心が不思議に燃える」という経験が、彼に霊的生命を注ぎ込みました。ジョンは、「私」と「私の」に、アンダーラインを引いています。彼はこのときはじめて、キリストを「私の救い主」として仰いだのです。チャールズの回心は、三日前の二一日日曜日に起こりました。彼の回心は、つぎの章でくわしく述べます。

この回心によって、ジョンは、今までのように神を畏れて、罪にうめくことから解放されて、神の愛を信じることが可能になり、歓喜に満たされました。ジョンの説教の言葉を引用すれば、「神を喜び、楽しむ」人間に変えられました。彼はつぎのように述べています。

今、神を愛し、身にあまる愛を受けているので、私は、歓喜と聖なる喜びに満ちています。柔順な愛によって神を喜び、楽しんでいる者は神の子です。私は、そのように神を愛し、喜び楽しんでいるので、神の子なのです。

ジョンがヘルンフートを訪れた

ジョンは、回心のあと、ザクセン地方（現在のドイツの一部）にあるモラヴィア兄弟団の本部を訪れることにし、それに先立ち、ロンドンの西南にあるソールズベリーに滞在している母を六月八日に訪れ、回心のいきさつをこまかく報告しました。息子の表情に新しい平安と喜びの影を見た母は、彼の中に起こったことの重大さを感じとったでしょうが、この変化が、教会史上に残る事件であるとは、予測がつかなかったでしょう。

スザンナ自身は、息子と同じ経験はまだ味わっていなかったので、キリスト教信仰には、自分がまだあずかり知らぬ領域のあることを、痛いほど感じたと思われます。数日後、チャールズからの手紙が届き、ジョンの話と同じ趣旨のことが述べられているのを見て、彼女は、その感を深くしたことでしょう。

ジョンは、ツィンツェンドルフ伯爵の領地にあったモラヴィア派の「ヘルンフート（主の守り）」と呼ばれる共同体を訪れ、そこにおいて、キリストによる兄弟愛が生かされていることに、感銘を受けるとともに、「自己の義」に対する彼らの鋭い洞察に教えられました。とくに、彼らの指導者で大工職人であったクリスチャン・デイヴィドの説教に打たれました。

あなたがたは、もし義とされるために、もっと謙遜であり、もっと罪を悲しみ、もっと罪の重荷を感じなければならないと思うならば、それは間違いです。なぜなら、あなたの謙遜、悲嘆、罪を感じて苦しんでいることが、あなたがたが義とされることの条件となっているからです。

このモラヴィア派の説教者の言葉は、ジョンの心の中に、キリストに依り頼むことが、どのようなことであるかを悟らせました。本書の第9章「ヘティの悲劇」で、私はこのデイヴィドの言葉を引用しました。ヘティの両親であるサムエルとスザンナは、娘の悔い改めが不十分であり、もっと罪の重荷を感じるべきであると思って、彼女を赦さなかったのです。「あらゆる不敬虔に生きているそのまま、まっすぐにキリストに行く」などということは、この両親やジョンには、考えられないことでした。

クリスチャン・デイヴィドについて

それではこのデイヴィドとは、どのような人物でしょうか。彼は一六九〇年にモラヴィアで生まれ、カトリック教徒として育ったのですが、真剣に信仰の問題を考える青年でした。ルター派の人たちと交わることによって、プロテスタントに近づいたのですが、彼に深い影響を与えたのはツィンツェンドルフ伯爵の友人でした。その結果デイヴィドは、ジョン・ウェスレーと同じく一七三八年五月二四日に神が彼の罪を赦してくださったという回心の経験をしました。

彼は故郷のモラヴィアに帰って、自分が新しく得た信仰を人々に述べ伝えたところ、数名の人々が感激して、その信仰を持って生きる場所があれば、彼に従っていく、と表明したのです。モラヴィアではカトリック以外の信仰を持つ者は迫害されていたからです。幸いなことに彼はツィンツェンドルフ伯爵から素晴らしい申し出を受けたのです。彼の領地にデイヴィドの仲間たちであるモラヴィアから宗教的な理由で避難する人たちを受け入れてもよい、というのです。それで最初の年は一〇名、つぎの年も一〇名のモラヴィアからの移住民が彼の領地に住みつきました。デイヴィッドは大工としての心得があったので、彼らは木を切って、集会場や自分たちの住居を築きました。それがヘルンフートという共同体になったのです。

ジョンはデイヴィドの説教の内容を四回日記に記していますが、罪人がその罪に染まっているただなかで（a sinner in the midst of his sin）、神の赦しを無償で受けるという箇所に深い感銘を受けたはずです。

「奴隷の信仰」と「息子の信仰」

ジョンが神の無条件の罪の赦しを信じぬくまでの経過を見てきました。回心をする前の自分の信仰について、彼はその日記につぎのように記しているとシュミットは伝えています。

その時私は息子としての信仰ではなかったが、奴隷としての信仰は持っていた。

I had even then the faith of a slave, although not the faith of a son....

この「息子としての信仰」と「奴隷としての信仰」という表現は、私をハッとさせました。ジョンは、ルカによる福音書一五章にある有名な放蕩息子の話に出てくる放蕩息子に自分を重ねているのです。この息子は異国で惨めな状態に陥ったとき、父のもとに帰ってつぎのように言おうと考えます。

「お父さん、わたしは天に対しても、またお父さんに対しても罪を犯しました。もう息子と呼ばれる資格はありません。雇い人の一人にしてください」と。

ところが父に出会って「息子と呼ばれる資格はありません」と述べるや、父は、召し使いを呼んで、息子に最上の衣服を着せ、指輪をはめ、足には奴隷でなく自由人の証拠である履物を履かせるように命じます。ここで「雇い人」と訳している言葉は、「一番身分が低い日雇い奴隷」であるとウィリアム・バークレーは説明しています。「普通の奴隷は家族の一員であったが、雇われ奴隷は一日の契約であとは解雇される身分であった。むろん家族の一員にされることもなかった。ギリシア語のテキストによれば、父親は奴隷にしてくれと頼むいとまを彼に与えなかった」(『ルカ福音書』柳生望訳、ヨルダン社)。

この放蕩息子は、「奴隷にしてください」という信仰は持っていたが、自分の罪を無条件で赦し、息子として自分を扱ってくれる「息子の信仰」は持っていなかったのです。そのように回心前のジョンも、「息子の信仰」は持っていなかったのです。

無条件の赦しとヘンリ・ナウエン

この無条件の赦しによって息子とされることを信じることと、「奴隷の信仰」の違いを私に深く印象づけてくれたのがヘンリ・ナウエン（Henri Josef Machiel Nouwen, 1932-96）の主著『放蕩息子の帰郷――父の家に立ち返る物語』（片岡伸光訳、あめんどう、*The Return of the Prodigal Son: A Story of Homecoming*, Doubleday. 1992）です。ナウエンはオランダ出身のカトリック司祭でありながら、ハーバード大学の実践神学の教授を務めた、二〇世紀の偉大な霊的指導者です。彼は、「ラルシュ」という知的ハンディを持つ人々のためのグループ・ホームを創立したジャン・バニエの思想に共鳴し、大学教授を辞して、カナダのトロントの近くにあるラルシュ共同体に住み、生活を共にしました。一九八三年に、パリの北、トロリー村のラルシュ本部のある部屋のドアに貼ってあったレンブラントの「放蕩息子の帰郷」の絵を見たとき、彼は釘付けになりました。父親が帰ってきた息子を優しく抱いている絵でした。ぼろをまとった息子に、彼は自分自身を重ねました。そのような自分を、赦して抱いているのは、父なる神です。ナウエンは、父なる神の愛が無条件であることを力説します。罪にまみれたままの人間を、赦して愛し抜く神の姿を彼は私たちに示しています。

この本を読んでいて、私が一番驚いたのは、帰宅した息子が、息子としてではなく、「雇い人」として扱って欲しいと考える箇所に対するナウエンのコメントです。息子としての資格を失っているのですから、雇い人にしてくれ、と思うのは、当然である、と私は思っていたのですが、ナウエンは違います。息子は、無条件で彼を赦す父の愛を信じていないのであり、それは問題である、と述べているのです。息子でなく雇い人にしてほしいと考えたのは、確かに「悔い改め」ではあるが、「赦しの神の驚くほど深い愛を知って生まれる悔い改めではない」と言うのです。ナウエンはつぎのように書いています。

There is repentance, but not a repentance in the light of the immense love of a forgiving God.

ジョン・ウェスレーが「奴隷の信仰」と言ったのが前者の悔い改めであり、「息子の信仰」と述べたのが後者の悔い改め――無限の愛を持つ神が与えてくださる赦しを信じることから生まれる悔い改めなのです。

第11章　チャールズ・ウェスレーの回心

チャールズ・ウェスレーについて

チャールズ・ウェスレーは、メソジスト運動の指導者であり、なによりも賛美歌作詞者としてキリスト教史に残る人物です。賛美歌や詩をふくめて約六五〇〇ほど書いたと言われています。彼の魂から次々に湧き出た賛美歌は、兄ジョンが指導した信仰復興に霊的エネルギーを注いだのです。

チャールズは一七〇七年一二月一八日、サムエルとスザンナの一八番目の子としてエプワースで誕生しました。ジョンより四歳年下です。一七二六年、一八歳でオックスフォードのクライスト・チャーチ・カレッジに入学し、一七三五年に英国国教会の司祭となりました。この年、ウェスレー兄弟はジョージアに向かって船出し、翌年七月チャールズだけが英国に帰り、ジョンは翌年に帰国の途につきました。

チャールズは一七三七年、ロンドンでモラヴィア兄弟団指導者のツィンツェンドルフ伯爵に出会い、翌年にはペーター・ベーラーに出会いました。彼も兄ジョンのように、彼らに深い影響を受けたのです。

一七三八年五月二一日に、チャールズの生涯に決定的な影響を与えた回心が起こりました。そのとき、彼は三〇歳でした。その三日後の五月二四日、ジョンの回心が起こったことはすでに述べました。ジョンは三四歳でした。

チャールズの回心――五月二一日

チャールズの回心が起こった場所は、ロンドンのアルダスゲイト街のリトル・ブリテン一二番にあったジョン・ブレイの家でした。彼は湯沸かし器などを作る真鍮細工職人で、そこは広い家であったのでしょうか。モラヴィア教徒とメソジスト教徒の運動の拠点となったおり、一七三八年から翌年にかけて、ジョンとチャールズはそこに住んでいたのです。ブレイは四一歳で無学でしたが、熱い信仰を持っていました。当時チャールズは、重病の床で罪の責苦に悩んでいました。ところが一人のモラヴィア教徒の女性が告げたキリストの言葉と、ブレイが読んだ聖句「そのとががゆるされ、その罪がおおい消される者はさいわいである」（詩三二・一、口語訳）によって光が与えられました。

チャールズ・ウェスレー

チャールズは、その回心の四日前の五月一七日にルターのガラテヤ書註解を初めて読んで、深い感動を覚えたのです。とくに二章後半の「信仰によって義とされる」ことを強調し

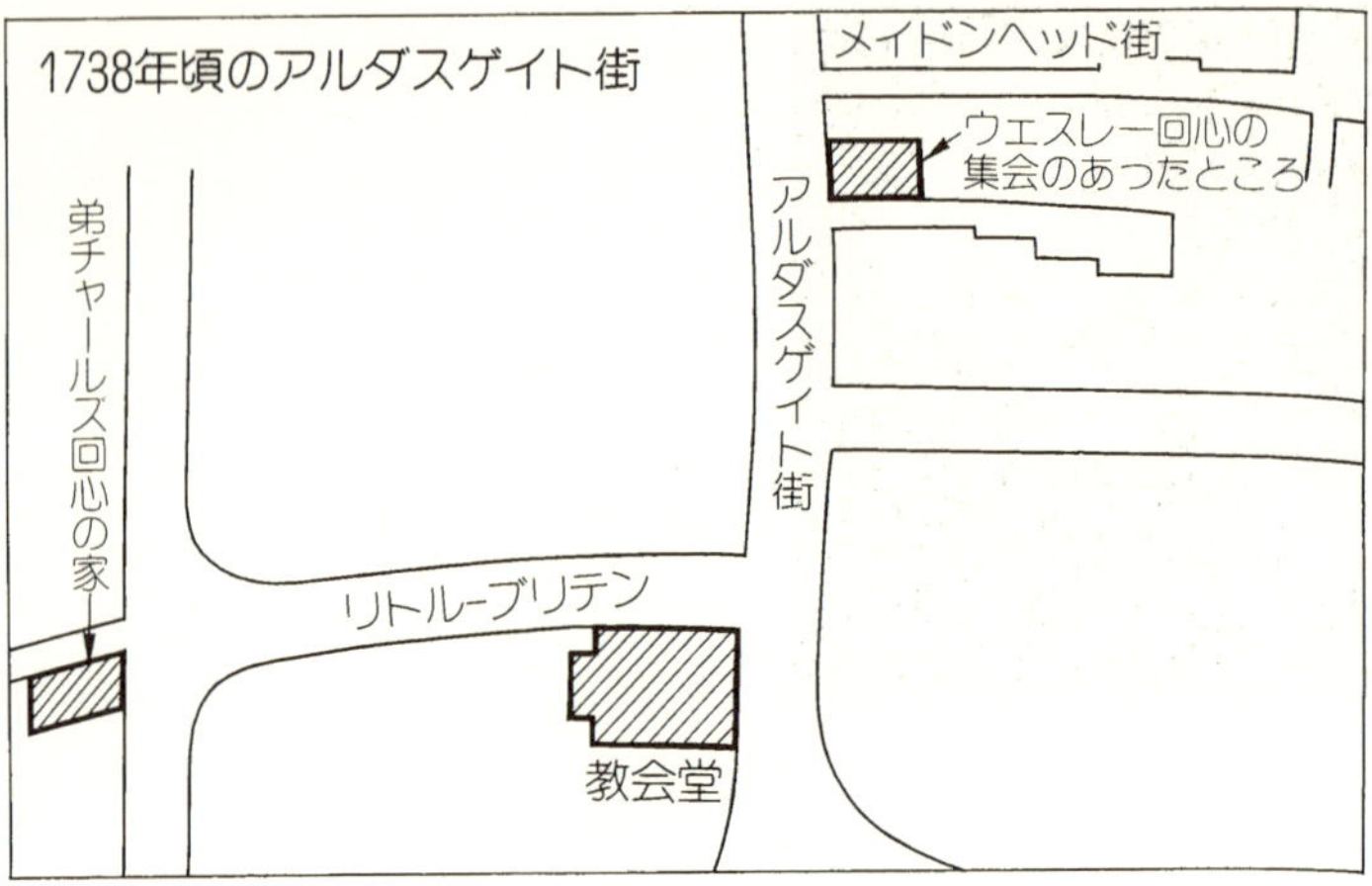

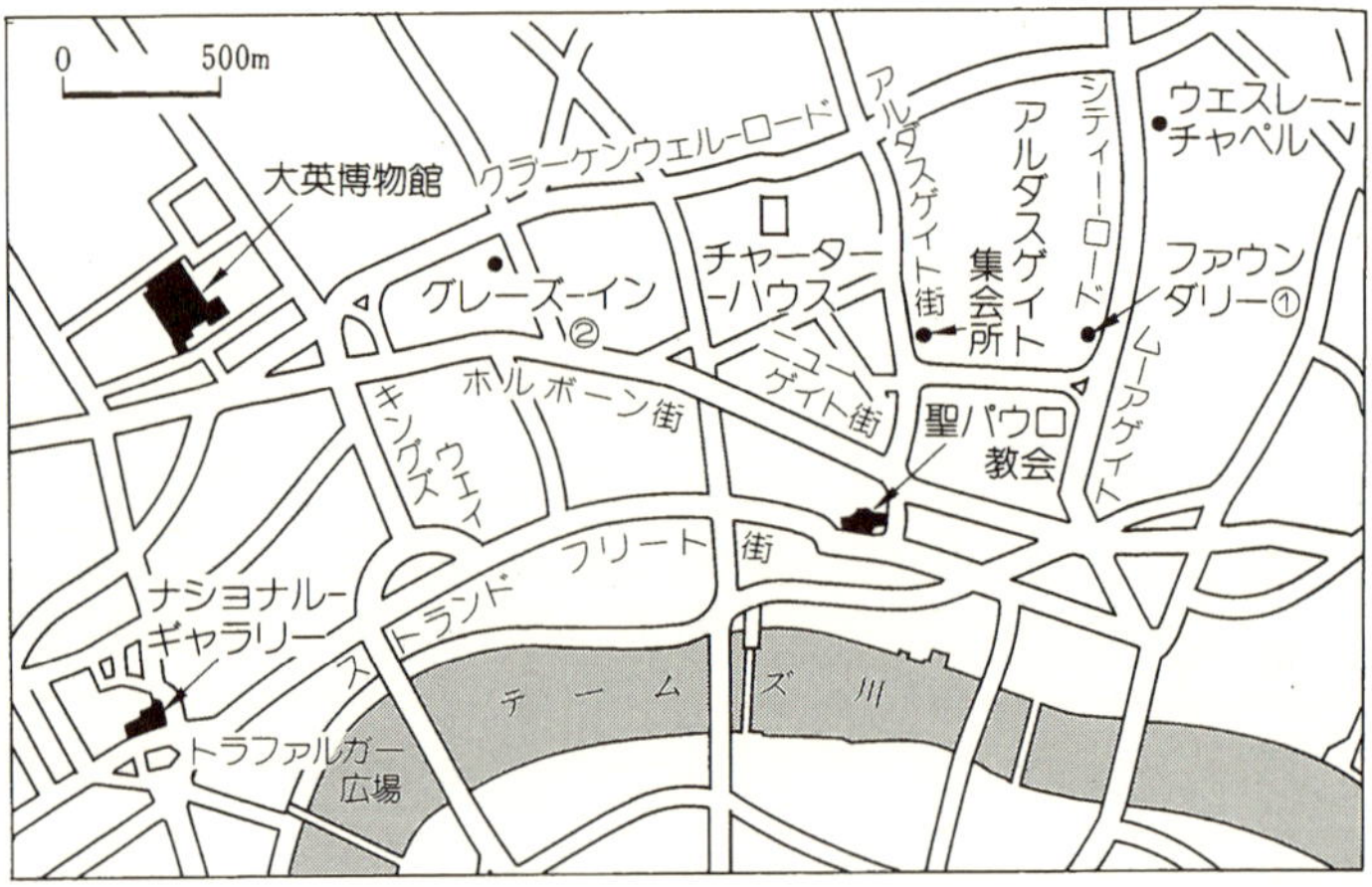

現在のロンドン市街図（下）と 1738 年頃のアルダスゲイト街付近
①のファウンダリーはメソジスト会の最初のロンドン本部となった建物。もと大砲工場であったのを買い取ったもの。②のグレーズ–インは 1741 年 9 月 3 日に、ロンドンを訪れていたツィンツェンドルフとウェスレーとの会見の場。(野呂芳男『ウェスレー』清水書院より)

ている箇所によって目が開かれました。そこでルターは、信仰による義は、自分の手で勝ち取るものではなく、私たちは何もしないのに、神が私たちに無償で与えてくださるものであることを力説しています。その日の日記に、彼はつぎのように書いています。

われわれをキリストの恩恵に召したもうた方から、われわれがかくも早く、かくも全く離れさって異なる福音に移っていることに対して、私は驚いた。われわれの教会（英国国教会）が信仰のみによる義認というこの重大な信仰箇条に基づいて建てられていることを、いったい誰が信じるであろうか？　これを私が新しい教理と思わざるをえないことに対して、驚きを感じる。

国教会の信仰箇条に「信仰のみによる義」ということが明瞭に書かれており、この重大な信条に基づいて国教会が建てられているのに、この「信仰による義」ということが当時の国教会では全く空疎なものになっていたのです。言い変えれば、当時の彼らの教会の信仰は死んでいたのです。

チャールズは回心二日後に、日記に書いています。

目覚めたとき、キリストに守られていることを感じ、私の魂と肉体を主に捧げた。九時に自分の回心について賛美歌を書き始めたが、自分のプライドのためではないかと恐れて中止した。

するとブレイさんがきて、サタンの誘惑を恐れず書き進めるように、と励ましてくれたので、私はキリストのみ助けを祈って、書き終えた。

翌二四日、兄ジョンは、あの祝された彼自身の回心のあと、友人たちとチャールズが待っていたブレイ宅に夜の一〇時ごろ帰り、チャールズが書いたばかりの賛美歌を大きな喜びを持って、ともに賛美したのです。

チャールズの回心二日後の賛美歌

その賛美歌は "Where shall my wondering soul begin?"「私の驚いている魂は、どこから始めたらよいのか?」という言葉で始まる歌ですが、現在英語で歌われておらず、勿論邦訳もありません。大事な節を引用します。

1. Where shall my wondering soul begin?
How shall I all to heaven aspire?
A slave redeemed from death and sin,
A brand plucked from eternal fire,
How shall I equal triumphs raise,

Or sing my great Deliverer's praise?

5. Outcasts of men, to you I call,
Harlots, and publicans, and thieves!
He spreads his arms to embrace you all;
Sinners alone his grace receives;
No need of him the righteous have;
He came the lost to seek and save.

6. Come all ye Magdalens in lust,
Ye ruffians fell in murders old;
Repent, and live: despair and trust!
Jesus for you to death was sold;
Though hell protest, and earth repine,
He died for crimes like yours and mine.

7. Come, O my guilty brethren come,

Groaning beneath your load of sin!
His bleeding heart shall make you room,
His open side shall take you in.
He calls you now, invites you home;
Come, O my guilty brethren, come!

一、私の驚いている魂は、どこから始めたらよいのか?
どのようにして私は天国を切望すればよいのか?
死と罪から贖われた奴隷、
永遠の火から取り出された燃えさしの私は。
どのようにして私はふさわしい勝利の雄叫びをあげ、
偉大な解放者を賛美する歌を歌うことができるのか?

五、見捨てられた人々よ、あなたがたに告げる、
売春婦たち、取税人たち、そして盗人たちよ!
イエスはみ手を広げて、あなたがたすべてを抱擁されるのです!
罪人だけが、主のみ恵みを受け取るのです。

正しい者たちは主を必要としません。
主は、失われた者を探して、救うために来られたのです。

六、欲望にまみれたマグダラのマリアたちよ、皆来るがよい。
昔から殺人を犯している残忍な無頼漢たちよ。
悔い改めて、生きなさい。絶望して、信頼しなさい！
イエスは、あなたがたのために死ぬために、売りわたされたのです。
地獄が異議申し立てし、大地が抗議をしても、
主は、あなたがたの、そして私の犯罪のゆえに死なれたのです。

七、来るがよい。罪人である私の兄弟たちよ。
罪の重荷にゆえに呻《うめ》いている者たち！
主の血を流している心は、あなたがたの居場所を整え、
主の槍で刺された脇腹は、あなたがたを受け入れてくださいます。
主は、今、あなたがたの名を呼び、あなたがたを家に迎え入れてくださいます。
来るがよい、私の罪人である兄弟たちよ、来るがよい。

この歌は、チャールズ自身の救いの喜びの賛美であるとともに、主イエスの救いを社会の底辺でうごめいている人々に伝える激しい情熱を歌っています。そのために主イエスに逆らうサタンに対する激烈な宣戦布告です。そして、この歌は、私たちを驚嘆させます。チャールズは、自分が売春婦や極悪人と同じく、罪どころか犯罪を犯している人間である——と告白しているからです。じつは、このような罪の告白は、彼の賛美歌には繰り返し述べられています。彼の罪意識の深さは、彼が影響を受けたマルティン・ルターの罪との戦いを想起させます。

「神の義」に対する憎悪——ルターの場合

ウェスレー兄弟の回心は、ルターが「信仰による義」について書いた文書に深くかかわっていることをすでに述べました。「信仰による義」の新しい意味を発見する前のルターは、神を激しく憎悪していたのです。修道士としてこのうえもなく罪に苦しんでいたルターにとって、「神の義」という言葉ほど憎いものはなかったのです。自分の罪ゆえに神の恐るべき罰が自分にくだるのではないか、という恐怖におののいていました。あと一分、この恐怖がつづけば、全身の骨が灰になるのではないか、と感じるほどでした。

ところが、一五一六年から翌年にかけて「ガラテヤの信徒への手紙」を講義している間に、彼は世界史的大発見をしました。パウロの「義人は信仰によりて生くべし」という言葉との関連において神の義を考えることによって、神が、わたしたちをあるがままの姿で受け入れて義としてくださる、ということを発見したのです。

ローランド・ベイントンによれば、パウロの書簡のギリシア語では、「義」は二重の意味を持ち、それぞれjusticeとjustificationという英語にあてはまります。前者は裁判官が下す判決のようにきびしく、是は是、非は非とするものです。一方、後者の義認と訳されるものは、裁判官が赦しに全く値しない被告を釈放し、その者を立ち直らせるという意味なのです（R・ベイントン著『我ここに立つ』青山一浪・岸千年訳、聖文舎）。

ルターは、罪から解放された爆発的な喜びをこう述べています。

そこでわたしは、自分が生まれ変わって、開いている戸口からパラダイスへ入ったのを感じたのである。聖書全体が新しい意味を持ったのである。以前には「神の義」がわたしを憎悪で一杯にしていたのに、今ではそれがわたしにとって、言いようもなく快いものになった。このパウロの一句は、わたしには天国への扉になったのである。

神の義とは義認、すなわち赦しに値しない人間をそのままで神が赦して救ってくださるということである、と信じたルターは、爆発的な喜びを感じたのです。この救いの喜びは、ウェスレー兄弟にモラヴィア兄弟団のペーター・ベーラーとクリスチャン・デイヴィドを経由してもたらされました。

ルターが罪の赦しについて大変奇抜な表現をしたことを伝えているのは、『慰めと励ましの言葉――マルティン・ルターによる一日一章』（徳善義和監修、湯川郁子訳、教文館）です。

二月二二日　「わたしたちは、キリストによって、彼の血によるあがない、すなわち罪のゆるしを受けているのである。」

コロサイの信徒への手紙第一章一四節

もし、私がペトロの肖像画を描くことができるとしたら、私は、彼の髪の毛の一本一本にいたるまで「罪の赦し」と書きたい。なぜなら、福音書記者たちは、彼をそのように描いているからである。

自分もペトロのように罪が深く、その罪ゆえに神の恐るべき罰がくだるのではないかと恐れていたルターにとって、髪の毛の数ほど何度も自分を受け入れてくださる「神の赦し」を体験したことは、彼の人生を一変させ、それによって宗教改革が起こったのです。

第12章　チャールズ・ウェスレーが作詞した賛美歌

チャールズは彼が書いた多くの賛美歌に、自分の深刻な罪の告白と、主イエスによる驚くべき救いについて述べています。その実例を詳しく見てゆきましょう。

讃美歌六二番「主イエスのみいつと」

"O for a thousand tongues to sing" という初行のこの讃美歌六二番「主イエスのみいつと」は、チャールズの回心一年目の歌で、一七三九年に発表されました。この歌が英米で歌われるときの第一節と第五節を紹介します。

一、千の舌を与えたまえ、私の偉大な贖い主を賛美するために。私の神であり王である方の栄光と、そのみ恵みが与える勝利を歌うために。

五、主の声を聞きなさい、耳の不自由な者よ。口がきけない者よ、あなたの癒された口で主を

礼拝 開会

62

AZMON

O for a thousand tongues to sing
Charles Wesley, 1739

Arr. from Carl Gotthilf Gläser (1780)
by Lowell Mason, 1839

♩=72
主 イェスのみ いつと みめぐみと を
ことばのかぎりに たーたえまほし アーメン

詩篇 30　歴下 7：14　ルカ 1：47　ロマ 9：17

1

主イェスのみいつと　みめぐみとを、
ことばのかぎりに　たたえまほし。

2

とうときわが主よ、　たかき御《み》名《な》を
ひろむるこの身を　たすけたまえ。

3

うれいをなぐさめ　おそれを去る
み名をばつみびと　聞くうれしさ。

4

くらきのちからを　イエスはくだき、
血《ち》をもてあがない　すくいたもう。

5

死にたるこころも　活《い》きかえらせ、
のぞみをあたうる　み名をたたえん。

賛美しなさい。目が見えない者よ、あなたの救い主を見なさい。足が不自由な者よ、喜び躍りなさい。

ところが、チャールズは、さらに、つぎのように売春婦たち、盗人たちや殺人者に呼びかけており、自分も彼らと同じ重い犯罪を犯しているが、信じる罪人は救われると書いています。それらの節は、英米でも省略されています。

売春婦たち、取税人たち、
盗人たちよ、聖なる勝利に参加しなさい！
信じる罪人は、救われます、
私が犯したような重い犯罪（crime）から。

Harlots, and publicans, and thieves
　In holy triumph join!
Saved is the sinner that believes
　From crimes as great as mine.

殺人者や、極悪の仲間たちよ、
悪欲と傲慢のやからよ、
信じなさい。救い主は、あなたがたのために、死なれたことを。
私のために救い主は死なれたのです。

Murderers, and all ye hellish crew,
　Ye sons of lust and pride,
Believe the Saviour died for you,
　For me the Saviour died.

つぎの歌にも、同様の告白があります。

讃美歌二四八番「ペテロのごとくに　主をすてしに」

この「ペテロのごとく」という歌は、現在英米では歌われていません。その原歌の一節と邦訳されていない四節を紹介します。

1.　Jesu, let thy pitying eye

Call back a wandering sheep!
False to thee, like Peter, I
Would fain, like Peter, weep:
Let me be by grace restored,
On me be all long-suffering shown;
Turn, and look upon me, Lord,
And break my heart of stone.

4. Look, as when thy grace beheld
The harlot in distress,
Dried her tears, her pardon sealed,
And bade her go in peace:
Vile, like her, and self-abhorred,
I at thy feet for mercy groan;
Turn, and look upon me, Lord,
And break my heart of stone.

一、主イエスよ、あなたの憐れみに満ちたおん目を向けて
さまよい出た羊を呼び戻してください！
ペテロのようにあなたを裏切った私は、
ペテロのように泣きたいのです。
み恵みによって私を救い、
み赦しを示してください。
主よ、振り向いて、私を見つめ、
石の心を砕いてください。

四、あなたはみ恵みをもって
窮地に陥っていた売春婦を眺め、
彼女の涙をぬぐい、赦しを確約され、
安らかに行け、と命じられました。
私は彼女のようにけがれており、自己嫌悪に苦しんでいます。
み足もとに伏して、憐れみを求めて、うめいています。
主よ、振り向いて、私を見つめ、
石の心を砕いてください。

チャールズは、「自分の心が石のように硬く、遊女のように汚れている」と本当に感じていたのです。私はある日、バッハの《ヨハネ受難曲》第一四曲を聞いていて、その歌詞が「ペテロのごとく主をすてしに」に似ていることに気づきました。ペテロが「主を知らない」と否認すると、つぎの合唱が響きます。

ペテロは過去を想起することなく、
彼の神を否認した。
しかし主の真剣なまなざしに触れて、
激しく泣いた。
イエスよ、私にも御目を向けてください。
私が悔い改めを拒否するときに。
私が悪事を犯したときに、
私の良心に触れてください。

この「私が悔い改めを拒否するときに」は、自分が悔い改めをどうしてもする気にならず、抵抗しているときに、という意味です。チャールズが「石の心」と呼んだのは、まさにこのような心の状態です。チャールズが「ペテロのごとく　主をすてしに」を書いた一七四九年は、バッハが没した前年であることは、意味深いと思います。

チャールズの罪との格闘

チャールズは自分が売春婦や盗人たちと同じ罪人であると心底から思っていたのです。この事実を理解するために、まず彼が罪とどのように戦ったかを見ましょう。彼が罪の呵責に深く悩んだことを示す手紙があります。それは一七三五年に、彼が兄ジョンとジョージアに伝道に出かけるためにシモンズ号に乗ってジョージアの近くの島に差しかかったときに書いたものです。「どこに行っても、私は自分が捕らわれている地獄をひきずっているのです」"Go where I will I carry my own hell about me."

一七三七年一月二二日の日記には、ある女性が、彼が死んだと書いてある手紙を読むのを聞いて、「そのニュースが事実であれば、なんと嬉しいことか！　死んでいれば、この悲惨なさまから救われるのに！」と書いています。当時書いた「真夜中の詩」（A Hymn for Midnight）は、彼が暗黒のなかに生きていたことを示しています。この詩をネットで発見しました。六節ありますが、その一部を紹介します。

A Hymn for Midnight

3. Fain would I leave this earth below,
    Of pain and sin the dark abode;
Where shadowy joy, or solid woe
    Allures, or tears me from my God:
Doubtful and insecure of bliss,
Since death alone confirms me his.

4. Till then, to sorrow born I sigh,
    And gasp, and languish after home;
Upward I send my streaming eye,
    Expecting till the Bridegroom come:
Come quickly, Lord! Thy own receive,
Now let me see thy face, and live.

5. Absent from thee, my exil’d soul
    Deep in a fleshly dungeon groans;
Around me clouds of darkness roll,

And lab'ring silence speaks my groans:
Come quickly, Lord! Thy face display,
And look my midnight into day.

真夜中の詩

三、わたしは苦痛と罪の暗い住み家である
この地上を去りたいのだ。
そこでは空しい喜びや重い悲しみが
私を神から引きさくのだ。
神の祝福を疑い、信じられず、
私は死の虜になっている。

四、悲しみに運命づけられた私は、
死のときまで天のふるさとを慕って嘆く。
涙にぬれた目を空に向け、
花婿である主を待ちつづける。

主よ、はやく来たまえ。あなたに属するものを受け入れ、
み顔を拝させ、私を生かしたまえ。

五、あなたから離れ、追放された私の魂は
肉体の地下牢でうめき声をあげている。
暗黒の雲が私をかこみ、
苦しい沈黙が私の悲嘆を語っている。
はやく来たまえ、主よ。み顔を向けたまえ。
そのとき、私の真夜中は真昼に変わるのだ。

また回心して一年あまりたったとき、日記にこう記しています。

私は今まで、誘惑の激しさと罪のエネルギー（the strength of temptation and energy of sin）
がどんなに恐ろしいものであるかを知らなかった……敵は私に襲い掛かり、打ち倒そうとする。
そして悪魔より恐ろしい敵は自分自身の心なのだ……しかし、私は聖パウロ聖堂での聖餐式に
おいて、新しく赦しを受けることができた。

チャールズは、回心の後も、救いを疑わせるサタンの執拗な誘惑に悩んでいたのです。この日記の文章にある「誘惑の激しさ」と「罪のエネルギー」という言葉に注目したいと思います。この誘惑とは、彼に救いを疑うようにとささやくサタンの動きであったようです。彼の回心二日後の賛美歌にも「いにしえよりの竜のようなサタン（the ancient dragon）」という言葉があるのです。

讃美歌第二編二三〇番「わが主を十字架の」

じつは数年前、A・E・マクグラスの『キリスト教の霊性』（教文館）を読んでいて驚きました。彼は霊性の古典として一三人のキリスト教の指導者の文書を取り上げており、その一つがチャールズ・ウェスレーの「わが主を十字架の」（讃美歌第二編二三〇番）で、その全文を紹介しているのです。この歌は、チャールズが一七三八年の回心の感激のあとに彼を襲った疑念の苦しみのなかで書いた、“And can it be that I should gain” です。これは、回心の翌年に出版された『賛美歌と宗教詩』に収録されています。

この歌の第一節には疑問詞が四度繰り返されており、「自分のような者のために、ほんとうに主は血を流されたのか？」という深刻な疑いが述べられています。彼が救いを疑わせるサタンの執拗な誘惑にさらされて、苦悶していたことは、すでに述べましたが、その疑念の深刻さが、最も強烈に表現されているのが、この賛美歌の第一節です。世界中の賛美歌のなかで、これほど深い疑念を自分の救いに関して述べているものは少ないと思います。

ところが、第五節では、彼は、疑念に打ち勝ち、「今や、いかなる断罪も恐れません。主イエスは、私のものです」と高らかにイエス・キリストを賛美しています。

1. And can it be, that I should gain
   An interest in the Saviour's blood?
Died he for me who caused his pain
   For me who him to death pursued?
Amazing love! how can it be
That thou, my God, shouldst die for me?
Amazing love! how can it be
That thou, my God, shouldst die for me?

一、こんなことがありうるのか、私が救い主の贖いの血の恵みに
あずかることができるということが？
主は私のために死なれたのか、主を苦しめた私のために
主を死にまで追いやってしまった私のために？
何と驚くべき愛！　どうして、こんなことがありうるのか、

私の神が、私のために死にたもうたとは？
何と驚くべき愛！　どうして、こんなことがありうるのか、
私の神が、私のために死にたもうたとは？

5. No condemnation now I dread,
    Jesus, and all in him, is mine:
Alive in him, my living Head,
    And clothed in righteousness divine,
Bold I approach the eternal throne,
And claim the crown, through Christ,
    my own.

五、今や私は、いかなる断罪も恐れません。
主イエスと、主のすべては、私のものなのです。
私の生ける頭《かしら》であられる主において、私は生き、
聖なる義の衣《ころも》をまとい、
大胆に永遠のみ座に近づき、

私のものであるキリストのゆえに、
冠《かんむり》を求めます。

この歌の第一節に、“Amazing love”という語が二回繰り返されています。これを読んで、あの有名なジョン・ニュートンの「アメイジング・グレイス」を想起する人がいるでしょう。このチャールズの歌は、ニュートンの歌のように有名ではありませんが、「アメイジング・グレイス」のように激しく私たちの心を刺し貫く歌詞です。

第13章　スザンナの晩年と召天

野外説教をするジョン

三か月のドイツ旅行から帰ったジョンは、あまりにも「信仰による義」を強調するという理由で、英国国教会からしめ出されました。そのころ、彼の学生時代からの友人、ジョージ・ホイットフィールドは、ブリストルの近くの炭坑町であるキングスウッドで野外説教を始めていました。あらくれた炭坑夫たちは、教会がなく、牧師もいないこの町で、すさみきった生活をしていたのです。このホイットフィールドの招きに答えて、ジョンは、一七三九年四月二日、このキングスウッドで三千人の炭鉱夫たちに、初めての野外説教を試みました。

ソールズベリーに住んでいた娘マーサとその夫のホール牧師宅にいたスザンナは、ジョンが野外で説教したとの報に度を失いました。国教会の伝統の中に約六〇年生きていた彼女は、息子を非難する便りをよこしたので、ジョンは、ホイットフィールドを母のもとに送って、誤解を解こうとしました。しかし、その後彼女はメソジスト運動の本部にジョンと一緒に住むようになって、息子の新しい形の伝道に心から協力するようになりました。

メソジスト運動の本拠地

ジョンの回心後、メソジスト運動は驚くほど発展し、運動の拠点である建物を手に入れる必要に迫られました。資金が潤沢でない彼は、妙案を思いつきました。ムーアフィールドという公園の近くにあった大砲を作っていた元工場が荒れ放題で、安い値段で手に入ることが分かり、それを買って、改装したのです。この建物は「ファウンダリー（Foundery）」と呼ばれていました。一五〇〇人を収容できるチャペル、三〇〇人のための集会室、図書室や無料の学校の教室を作り、二人の教師と六〇人の生徒が学ぶことができました。また無料の薬局も作りました。その昔修道院が廃止されて以来、ロンドンで初めての無料の薬局でした。また信徒の奉仕者の住居もしつらえました。二階はジョン・ウェスレーの居住区域になっており、そこにジョンはスザンナの部屋を作って彼女を迎えました。この本部が使用されたのは一七三九年の一二月からで、それまで娘や長男のサムエルの家に世話になっていたスザンナは、夫の死後、初めて安住の地を得ることができました。彼女はこの施設で女性のクラスを教えることもありました。

それまで英国国教会の礼拝の仕方に慣れていた彼女ですが、メソジスト式の礼拝、説教によって魂の糧を得るようになりました。彼女にとって、ジョンの説教を聞くことがどんなに大きな喜びであったかは想像できます。またチャールズ作詞の賛美歌を歌うたびに、彼女は感激し、ときには涙を流したのではないでしょうか。

ジョンの集会場であり、晩年のスザンナが暮らした「ファウンダリー」

スザンナの回心

彼女はジョンとチャールズの回心を喜んだのですが、今度は彼女自身が回心とも言うべき経験をしました。ジョンはしばしば地方に伝道に出かけて留守にするので、他の牧師に説教を頼みました。あるとき、妹のマーサの夫であるホール牧師に説教と聖餐式の責任を取るよう頼みました。後でこの牧師はキリスト教から離れ、女性問題で妻を裏切る行為があった人物ですが、当時はまだ牧師としてまともに働いていたのです。

一七四〇年一月の日曜の聖餐式について、スザンナは述べています。

わたしの娘婿のホールが聖餐の杯をさし出しながら「汝のために流したまいし主イエス・キリストの血」というのを聞いたとき、深く心を打たれ、神が、キリストのゆえに、私のすべての罪を赦してくださったことを確信しました。

スザンナは、何百回も聖餐式に列席して「汝のために流したまいし主イエス・キリストの血」という言葉を聞いていたのですが、そのとき初めて「神が、キリストのゆえに、私のすべての罪を赦してくださった」と確信することが出来たのです。それは彼女にとって驚くべき出来事でした。

この日からスザンナは、ジョンの新しい伝道方法に一層共感を示すようになりました。それを示す出来事が起こりました。ジョンが伝道のためにファウンダリーを留守にするとき、トーマス・マックスフィールドという信徒に、ジョンは集会の責任を取るように命じました。しかしマックスフィールドは牧師でないので説教をすることができず、聖書を読み、それについて短く説明するだけでした。ところがある日、彼は前代未聞のことをしたのです。彼は会衆を前にして説教をしたのです！　それを知ったジョンは、急いで帰り、彼を厳しく叱るつもりでした。ところが迎えに出たスザンナは息子に言ったのです。

ジョン、私がこのような新しいやり方に賛成しないことをあなたは知っているでしょう。しかし、その青年にどのように対処するか気をつけなさい。あの人は、あなたが神に召されて説教しているように、彼も神に導かれて説教したのですよ。彼の説教がよい結果をもたらしているのですよ。あなた自身が彼の説教を聞きなさい。

ジョンは母親の忠告を受け、その青年の説教を聞いて感動し、「神が働いておられる。神に抵抗することはできない」と述べて、それ以後、信徒が説教することがメソジスト運動で許されるようになりました。

信仰復興が広がる

彼女の二人の息子の回心に端を発した信仰復興の火が広がるのを見て、スザンナは深い感謝を神に捧げました。新しい福音の命は、新しい皮袋を必要とします。英国教会の慣習と階級制の厚い壁は破られ、一七六〇年ごろからはじまった産業革命前後の労働需要にともなう低賃金ゆえの貧困にあえいでいた労働者階級に、福音がもたらされる道が開かれました。約百年後、チャールズ・ディケンズは、『オリヴァー・トウィスト』にロンドンの貧しい人々の姿をリアルに描きましたが、このような人々の間に、キリストの命がもたらされました。

それまでの冷ややかな信仰の型に代わる、罪の鋭い自覚と、回心による喜ばしい救いの確信に満ちた情緒的な信仰を生み出しました。新しい信仰は、新しい歌を生み、チャールズは、生涯に約六五〇〇の賛美歌や詩を作りました。これらの歌は、無学な炭坑夫やその他の労働者たちに、キリスト教の教理を教える役目を果たしました。野外説教、週日の夜の労働者の集会、貧しい家々で、「新しい歌」が主に向かって歌われました。キリストを知った人々は、神の前に、自己の罪深さとともに、「人間としての尊厳」に目覚めました。古い福音の再把握は、新しい信仰類型を生み、さらに、新しい人間類型を生み出しました。

スザンナの召天

イギリスを覚醒させたこのような霊的革命が進行している一七四二年七月二三日に、スザンナは、ファウンダリーの自室で、ジョンと五人の娘に看取られて、天に召されました。ジョンによれば、「その顔は澄んだ静けさ（serene）に満たされて麗わしく、その両眼は天を仰いで」いたそうです。遺言は、「私が天に召されたならば、神を賛美する詩篇を歌ってください」ということでしたので、ジョンは、心の痛みに耐えて、賛美の歌声に唱和したのです。そのとき、母は七三歳、ジョンは三九歳で、まだ独身でした。

スザンナにとって天に召されるということは、神の懐に抱かれるということであり、感謝すべきことでした。本書第8章「スザンナの信仰」で、一七〇九年一〇月九日聖日の日記に、彼女が記した言葉を紹介しています。天国に召されると、私たちは永遠の安息日を楽しむことができるというのです。

> そのときあなたは永遠の安息日（an eternal sabbath）を楽しむことができます。すべての痛み、悲しみは消え失せ、疲れることなく、邪魔されることなく、心から喜んで父、子、聖霊の神をあがめ、愛し、賛美することができます。父、み子、聖霊の神に栄光があるように！

召される三三年前に、スザンナにとって天に召される死というものが厭うべきものではなく、永遠の安息日を楽しむことができるものと信じられていたのです。それゆえ彼女の臨終の顔は「澄んだ静けさに満たされていた」のです。また彼女が「神を賛美する」ことを子どもたちに求めたのは、彼女の心が神に対する感謝で満たされていたのです。彼女の年来の祈りが聞かれて、ジョンとチャールズがキリストの福音を述べ伝える伝道において、驚くべき神のみ業を拝していることに対して、彼女は神をどれだけ賛美しても、賛美しきれない思いを持っていたはずです。本書第8章の最後に紹介した七歳のジョンのために彼女が捧げた祈りを、ここで振り返ってみたいのです。

一七一一年五月一七日の夕べの祈りです。その日は、あと一か月で彼が満八歳になる日であり、また木曜日で、ジョンと霊的な話をする日でした。

主のすべての憐れみに対して、私は何をして御報いしたらよいのでしょうか? 私のちいさな無価値の賛美は、あまりにも貧しく、つまらない捧げものですので、ほんとうに恥じ入るだけです。しかし主よ、キリストのゆえにその賛美を受け入れてくださり、犠牲が少ないのをお赦しくださいませ。

私は私自身とあなたが私に与えてくださったものすべてを、あなたにお捧げします。そして私の人生の残りのすべてをあなたにお仕えするために用いたいと決心したいのです。そのようにできるように恵んでください。この子の魂に対して以前よりももっと特別に深い配慮を払いたいのです。あなたはこの子の魂を恵み深く今まで養ってくださいましたから。この子の心にあなたの真の宗教と美徳の信条を教え込むように努力したいのです。主よ、このことを誠実に、また慎重にできるように、私の企てが立派に成功するようにお恵みくださいませ。

このようなスザンナの祈りが神に受け入れられて、彼女が想像もできないほど豊かに聞かれたのです。それゆえ彼女は、自分が息を引き取るや、神を賛美する歌を歌ってくれるように子どもたちに頼んだのです。彼女の臨終は、なんと祝福に満ちたものであったことでしょうか！

第14章　「わが魂の恋人、イエスよ」と罪の問題

讃美歌二七三番「わがたましいを　愛するイエスよ」

チャールズ・ウェスレーが一七四〇年に発表した讃美歌二七三番「わがたましいを　愛するイエスよ」"Jesus, Lover of my soul"は、世界で愛されている歌ですが、兄のジョンは、「わたしの魂の恋人（Lover）」とイエスに呼びかけたこの歌は、礼拝にふさわしくないと叱ったとのことです。この歌を書いたとき、チャールズは、主イエスの愛と、自分の主イエスに対する愛を心から信じることができたので、「わが魂の恋人よ」と主イエスに対して呼びかけることができたのです。しかし当時の教会において、このように主に呼びかけることは、主に対する冒瀆と思われるほどの驚きをジョンに与えたのです。それではその賛美歌がどのようなものか、じっくり読んでみましょう。

主イエスよ、私の霊魂《たましい》の恋人よ、
あなたのみ懐《ふところ》に逃げたいのです。
近くの海の大波が逆巻き、

嵐が荒れ狂うときに。
私の救い主よ、私を隠してください、
人生の嵐がおさまるまで。
無事に港まで導いてください、
そして私の霊魂《たましい》を、最後に引き取ってください。

あなたのほかに私の逃れ場はありません。
頼るものがない私は、あなたに縋ります。
私を一人にしないでください！
これからも私を助け、慰めてください。
私はあなたのみを信頼し、
あなただけが私を助けたもうのです。
私の無防備な頭を
あなたのみ翼で覆ってください。

私の呼びかけを聞いてくださらないのですか？
私の祈りを受け入れてくださらないのですか？

273B

Jesus, Lover of my soul
Charles Wesley,1740

REFUGE
Joseph Perry Holbrook, 1862

1
わがたましいを 愛するイエスよ、
波はさかまき 風ふきあれて、
沈むばかりの この身を守り、
天《あめ》のみなとに みちびきたまえ。

2
われには外《ほか》の 隠《かく》れ家《が》あらず、
頼るかたなき このたましいを
委《ゆだ》ねまつれば、みいつくしみの
つばさの蔭に 守らせたまえ。

3
わが身は全《また》く けがれに染《そ》めど、
君はまことと めぐみに満ちて、
われの内《うち》外《と》を ことごと潔《きよ》め、
つかれし霊《たま》を 慰《なぐさ》めたまわん。

4
きみは生命《いのち》の みなもとなれば、
たえず湧きいで こころに溢《あふ》れ、
我をうるおし、渇《かわ》きをとどめ、
とこしえまでも やすきを賜《たま》え。

見てください！　私は沈み、気絶し、倒れます……
見てください！　私は悲嘆をあなたに投げかけます。
あなたの恵みに満ちたみ手で私に触れてください！
そのとき私はあなたから力を与えられ、
希望が無いときに、希望を持って立ち上がり、
死にかけているのに、生きることができるのです。

キリストであるあなたこそ、私が望むすべてです。
あなたのなかに見出すすべてにまさって。
倒れた者を起こし、気絶している者を元気にし、
病人を癒し、目が見えない者を導いてください。
あなたのみ名は義であり、聖であり、
すべてのまことの正しさの源です。
あなたは今後も変わりなく、
まことと恵みに満ちておられます。
あなたには満ちあふれる恵みがあり、

私のすべての罪を覆ってくださいます。
癒しの流れがゆたかにあふれるように。
私の心を潔めてください。
あなたは命の泉です。
その水を私に飲ませてください。
私の心のなかであなたの命が湧き上がり、
永遠に続きますように。

Jesus, Lover of my soul,
Let me to thy bosom fly,
While the nearer waters roll,
While the tempest still is high:
Hide me, O my Saviour, hide,
Till the storm of life be past:
Safe into the haven guide;
Oh, receive my soul at last.
Other refuge have I none,

Hangs my helpless soul on Thee;
Leave, ah! Leave me not alone,
Still support and comfort me.
All my trust on Thee is stayed,
All my help from Thee I bring;
Cover my defenseless head
With the shadow of Thy wing.

Wilt Thou not regard my call?
Wilt Thou not accept my prayer?
Lo! I sink, I faint, I fall…
Lo! on Thee I cast my care.
Reach me out Thy gracious hand!
While I of Thy strength receive,
Hoping against hope I stand,
Dying, and behold, I live.
Thou, O Christ, art all I want,

More than all in Thee I find;
Raise the fallen, cheer the faint,
Heal the sick, and lead the blind,
Just and holy is Thy Name,
Source of all true righteousness;
Thou art evermore the same,
Thou art full of truth and grace.

Plenteous grace with Thee is found,
Let the healing streams abound;
Make and keep me pure within.
Thou of life the fountain art,
Freely let me take of Thee;
Spring Thou up within my heart;
Rise to all eternity.

ヘンリ・ナウエンの「恋人としての主イエス」

チャールズは、イエスを「わが魂の恋人よ」と呼んで、兄のジョンを驚かせましたが、二〇世紀になると状況は変わります。二〇世紀の霊的指導者であったカトリック教会の司祭ヘンリ・ナウエンは、その著書『イエスの御名で——聖書的リーダーシップを求めて』（後藤敏夫訳、あめんどう）において、牧師たちにつぎのように問いました。

あなたは主イエスを恋していますか？
Are you in love with Jesus?
（自著『ヘンリ・ナウエンのスピリチュアル・メッセージ』キリスト新聞社、一三五頁）

「主イエスを愛していますか」ではなく、「恋していますか」と問うているところが大事です。英語で“in love with”というと、「恋している」という意味になります。ところで、この問いに対する最上の答えは、チャールズの「私の霊魂《たましい》の恋人なる主イエスよ」という前述の賛美歌です。彼は、自分の石のような心が主の十字架によって砕かれたことを、心より感謝して、主イエスを心の底から恋していたのです。

ナウエンは六〇歳のときに、『愛されている者の生活——世俗社会に生きる友のために』（小渕春夫訳、あめんどう）を刊行しました。その邦訳の一四七頁から次の頁に、私たちを驚かす言葉があります。

神の測りがたい神秘は、神ご自身が、愛されたいと望んでおられる恋人であるということです。私たちを創造された方が、私たちを存在させている愛への応答を待っておられます。

（自著『あなたは愛されています――ヘンリ・ナウエンを生かした言葉』教文館、九三頁）

「神ご自身が、私たち人間に愛されたいと望んでおられる恋人である」というナウエンのメッセージは、なんと驚くべきおとずれでしょうか！　チャールズが、天国でこのナウエンの言葉を聞くことができれば、きっと彼は感激の涙を流すことでしょう。

マザー・テレサが述べた「神の愛の渇《かわ》き」

ところで最近私は、マザー・テレサが神の愛についてナウエンと同じことを述べていることを知って、心の底から驚きました。『マザー・テレサの秘められた炎』（ジョゼフ・ラングフォード著、里見貞代訳、女子パウロ会）の著者はカトリックの司祭です。彼はつぎのように述べています。

一九四六年九月一〇日に三六歳のマザーは、インドのダージリンの丘の上で行われる黙想会に参加するために列車に乗っていました。そのとき、彼女は、神の召しを聞き、ロレット修道会を出て、カルカッタ（現在のコルカタ）のスラム街に住む人々のために献身する決意をしました。

その九月一〇日に彼女の魂にどのような神の声が聞こえたのか、マザーは長い間人々にくわしく説明しなかったのですが、この本の著者はそれを突き止めて、つぎのように述べています。

マザーテレサを創り上げたのは、「貧しい人のために働く」というドライな命令ではなかった。マザーテレサの魂を精錬し、その仕事に燃料を与えたのは、彼女に対し、貧しい人びとに対し、そしてわたしたちすべての人に対する神の渇きとの出会いであったのだ。

「神の渇き」とは、神が私たちの愛に渇いておられ、ひたすら私たちの愛を求めておられることを示す言葉です。同書一〇四頁から一〇五頁にマザーがシスターたちに話したことが紹介されています。

今日も、そして毎日、イエスはわたしの愛に渇いておられます。イエスはわたしのこころの中で、わたしに憧れておられます。

……

あなた方自身に尋ねてごらんなさい。イエスが、このことばを個人的に直接に自分に語られるのを聞いたことがあるだろうか、と。

……

イエスはあなたを慕っておられます。彼はあなたに渇いておられます……イエスの渇きを感じ、その言葉を聞き、心からそれに応えることだけが、あなたの愛を生き生きとさせます。

このようなマザーの言葉は、ナウエンがまさに「恋人としてのイエス」について述べた言葉と同じです。マザーとナウエンの苦しんでいる人々に対する奉仕の業は、主イエスに愛されていると信じる喜びから生まれてきたのです。

今日の日本に必要なのは、チャールズのように主イエスに対して、「私の霊魂《たましい》の恋人よ」と呼びかけることができる人間、またナウエンやマザー・テレサのように、神が私たちの愛を待ち望んでおられると信じる人間ではないでしょうか。

ウェスレー兄弟の罪意識の深さに驚く

私はウェスレー兄弟がどのように深く自分たちの罪で悩んだかを知れば知るほど、大きな驚きを感じます。なぜ彼らはあのように深い罪意識を持つことができたのだろうかと。そして思うのです。彼らは聖霊の導きによっておのが罪の深さを示され、そこから贖い出されたのだと。カルヴァンは『キリスト教綱要』に、「聖霊が支配するところにのみ義認がある」と述べていますが、聖霊が支配するところにのみ、罪の自覚が生まれるのです。それゆえ、聖霊が助けてくださるのでなければ、私たちは自分の罪深さを知ることができないのです。

プロテスタントの小説家椎名麟三（一九一一―七三）は、かつてつぎのように述べました。「自分が小説に罪を描かないのは、罪という言葉が、まだ日本においてリアリティを持っていないからだ」と。もちろん教会の説教やキリスト教の書物に「罪」という言葉はたえず用いられているのですが、この作家によれば「罪という言葉が日本においてリアリティを持って響いていない」というのです。罪だけでなく、「聖霊」という言葉も日本の教会においてリアリティを持って響いていません。これは、大変なことです。日本の教会を聖霊が支配するときに、初めて「罪」という言葉がリアルに響くようになるのでしょう。

日本人である私たちに「恥」という言葉はじつにぴんときます。しかし、罪意識を感じにくい精神風土に生きているので、キリスト者でもウェスレー兄弟の回心に至るまでの、またそれ以後の罪との戦いを知ると、深い驚きを感じます。

『藤十郎の恋』――罪の問題について

ところで日本文学において罪ということを考えるとき、三浦綾子や太宰治の文学を取り上げるのが普通ですが、私はキリスト教とは無縁であった菊池寛（一八八八―一九四八）の『藤十郎の恋』（新潮文庫）について考えたいと思います。アウグスティヌス（三五四―四三〇）の『神の国』に「異教徒の徳は輝かしき罪悪なり」という言葉があるそうです。キリスト教の神を信じていない世界で、「徳」と思われていることは、一見輝いているように見えるが、実は罪悪であると言うのです。この

『藤十郎の恋』は、芸に命をかけて精進している役者のなかに潜んでいる不気味な闇を探っている名作です。この作品は過去に二回映画化されました。

一九三八（昭和一三）年に作られた映画『藤十郎の恋』は、長谷川一夫（一九〇八―八四）の藤十郎と入江たか子（一九一一―九五）のお梶という組み合わせで、一九六九年ごろ再放送されたのをたまたま見ることができました。

名人と呼ばれる藤十郎も、新しい狂言がなくては彼の芸を伸ばすことができないので、苦しんでいるところに、近松門左衛門があらわれて、おさん・茂兵衛の不義密通事件をもとに、新しく書きおろした狂言を藤十郎にわたします。

これによって自分の芸の新境地を開きたいと、必死の思いで彼は日夜台本を研究することに没頭しているのですが、夫のある人妻に言いよるシーンの工夫がどうしてもつかないのです。藤十郎の一座である都万太夫座の座付き茶屋宗清《むねせい》の一室で、彼は例のシーンの工夫がつかず絶望して横になっていると、たまたまこの茶屋のおかみで未亡人のお梶が戸をあけます。藤十郎は、急に思いついて、彼女に二十年来の恋を打ち明けるのです。お梶は四十に近い美しい人ですが、貞女の誉れが高い女でした。

彼女は藤十郎の告白を聞き、「それでは藤さま、今仰ったことは、皆本心かいな」と尋ねます。すると彼は答えるのです。「何の、てんがうを云うてなるものか。人妻に云い寄るからは、命を投げ出しての恋じゃ」と言って、彼女を振り切って部屋を出ます。役の工夫がついた藤十郎は、すぐに一座の者を呼び集めて稽古にかかり、芝居は大当たりとなるのです。ところが、藤十郎に今度の狂言の工夫がついたのは、ある茶屋のおかみ相手に偽りの恋を仕掛けたからだ、という噂を耳にしたお梶は、楽屋でたまたま通りかかった藤十郎と目が合い、二人は立ちすくみます。
映画はここで終わっていますが、原作を見ると、お梶が楽屋で自害したと聞いた藤十郎は、雷に打たれたように色を変えましたが、心のなかで、

「藤十郎の芸の為には、一人や二人の女の命は」と、幾度も力強く繰り返した。が、そう繰返してみたものの、彼の心に出来た目に見えぬ深手は、折りにふれ、時にふれ彼を苛まずにはいなかった。

……

お梶が、死んで以来、藤十郎の茂右衛門の芸は、愈々冴えて行った。彼の瞳は、人妻を奪う罪深い男の苦悩を、ありありと刻んでいた。彼がおさんと暗闇で手を引き合う時、密夫の恐怖と不安と、罪の怖しさとが、身体一杯に溢れていた。

私はこの有名な芝居の筋は知っていましたが、長谷川一夫の演じる藤十郎は、私をギクリとさせました。芸に悩んで身も世もないほどに苦しんでいる彼の演技が切実であればあるほど、そのために一人の女の真心を利用して欺いた罪の深さとの対比が印象的でした。

この映画を見たあと、私はテレビで長谷川一夫がこの映画について語るのを聞くことができました。一九三七年に、彼の同僚が彼の美貌を妬んで顔に致命傷とも思われた傷を負わせた事件のあとの銀幕復帰の第一作であると彼は述べていました。ところでネットで調べてみましたところが、傷を負わせたのは同僚でなく、やくざの青年で、この映画ができた前年の一九三七（昭和一二）年に、彼が松竹から東宝に移籍したことに関連があるようですが、長谷川は、人々がこの事件の真相を探らないように、彼なりの説明をしていたようです。この映画は好評で、一九五五年に長谷川と京マチ子の共演で再度映画化されました。

ところで、芸に限らず、学問や仕事に打ち込む人間の姿は美しく称賛に値するものと思われています。しかしその熱心さが、他の人間を手段として利用する危険をはらんでいるのです。人間だけでなく、神さえも利用しかねないのです。しかも利用するのが、誠実で真剣に生きている人間なのだ、と気づかされた私は、長谷川一夫の真剣な表情をとおして、人間の性《さが》に潜んでいる不気味なものにふれたのです。この不気味なものが、「罪」と言われるものなのです。

幸いなことに、二〇一五年一月二一日のＮＨＫ　Ｅテレで歌舞伎役者が演じる『藤十郎の恋』を見ることができました。中村扇雀の藤十郎と片岡孝太郎のお梶という組み合わせです。扇雀の曽祖父の初代中村鴈治郎がこの演目の主役を務めて大変評判になったそうです。長谷川一夫の最初の妻は、この中村鴈治郎の娘でした。

ところで、今回の芝居で扇雀演じる藤十郎はお梶の遺骸が運ばれるのを見て、たちどまります。

まもなく、誰一人いない舞台でつぶやきます。「藤十郎の芸のためには、一人や二人の女の命は……お梶どの」と。

菊池寛の原作には、藤十郎の罪意識による苦しみが書かれています。

菊池寛は「罪の怖しさが身体一杯に溢れていた」と書いているのですが、芝居や映画には、そのように罪に苦しむ藤十郎の姿を見ることはできません。原作者が意図したこととは違う演出がされています。そして、そのような芝居や映画が何回もくりかえし上演されて評判になっている、という現実に、私は深い憂慮を感じています。

ナウエンと神を利用する罪と聖霊の力

ところで「神を利用する罪」について、私が再度深く考えさせられたのは二〇〇四年五月です。ヘンリ・ナウエンの『憐れみを叫び求めて』を原文で読んでいたとき、彼のつぎのような神への告白の言葉を読んだのです。

私はしばしばあなたについて語り、あなたについて書き、あなたのみ名によって行動していたのですが、それは、自分自身の栄光と成功のためであったのです。

ナウエンは神について語り、書き、み名によって行動していたはずの自分は、それが神の栄光のためではなく、自分自身の栄光と成功のためであったと気づいたのです。彼にそれを気づかせたのは聖霊でした。彼はこの告白に続いて、「聖霊の力」について祈りを捧げています。

……あなたの聖霊のお助けなしには、私は何事もなし得ません……あなたの聖霊が私の存在の奥にまで染みとおったとき初めて、私はほんとうのキリスト者になることができます。

スザンナ・ウェスレーと聖霊

スザンナが聖霊についてどのようなことを娘である一五歳のスーキー（スザンナ）に書き送ったか、ということについて、本章第6章に私は述べています。一七〇九年の暮れから一月一三日までかかって、母はロンドンにいた娘に「使徒信条」について長い手紙を書きました。この「使徒信条」の「聖霊を信ず」の箇所でスザンナは聖霊の働きをつぎのように述べています。

聖霊ご自身が本質的に潔く、私たちのなかのすべての潔さを創りだす方であり、私たちの性質を潔め、知性に光を与え、意志と感情を矯正してくださいます。

…he is essentially holy himself and the author of all holiness in us by sanctifying our natures, illuminating our minds, rectifying our wills and affections….

スザンナにとって聖霊とは、私たちのすべての潔さを創りだす方（the author）なのです。ところで彼女は、聖霊の理解において父アンスリーの深い影響を受けていました。彼は、「愛において働く信仰」という説教で、つぎのように述べて、聖霊を大文字で記して、その働きを強調していたのです。

次の二文字を心に止めてください。「イエス・キリストと潔さ、潔さとイエス・キリスト」。説教のそれ以外のことは忘れてもかまいません……真剣なキリスト教こそ、私が力説したいものです。すべての状態を改善する唯一の道だからです……それは信仰ぬきの道徳ではありません。それは神から与えられる信仰で、聖霊によって作り出され、それによって神と人間がともに働くことができるのです。

アンスリーの孫であるジョン・ウェスレーは、この説教に深い感銘を受けて、彼が編纂した『キリスト教文庫』に収録しました。ジョンが伝えたキリスト教とは、まさに「聖霊が作り出す信仰」であったのです。ジョンは彼の説教でつぎのように述べました。「信じるもの一人ひとりの魂にキリストの贖いの恵みをもたらすのは聖霊の働きである。聖霊の力によってキリストは我らの心の内に見出される」と（山内一郎著『メソジズムの源流――ウェスレー生誕三〇〇年を記念して』キリスト新聞社、一五五頁）。

このように見てきますと、アンスリー牧師の「聖霊が作り出す信仰」が娘のスザンナに受け継がれ、それが孫であるジョンに深い影響を与えていたのです。「信仰の継承」ということの深い意味を考えさせられます。

今まで一八世紀の英国における信仰復興を考えてきましたが、私たちは現在の日本に同じような霊的革命が起こることを心から願っています。ジョンは回心後、救いの喜びについて説教でつぎのように述べました。

　今、神を愛し、身にあまる愛を受けているので、私は、歓喜と聖なる喜びに満ちています。柔順な愛によって神を喜び、楽しんでいる者は神の子です。私は、そのように神を愛し、喜び楽しんでいるので、神の子なのです。

私たちも歓喜に満ちている神の子になりたいと願います。神はそのような神の子に、さまざまな問題を抱えている日本の社会を変革する力を与えてくださると信じます。

スザンナ・ウェスレー関連年表

西暦	年齢	
一五〇九		ヘンリ八世即位（―四七）
三四		国王至上法。イングランド国教会成立
五八		エリザベス一世即位（―一六〇三）
一六〇三		ジェームズ一世即位（―二五）
一一		欽定訳聖書刊行
二〇		スザンナの父サムエル・アンスリー生まれる
二五		チャールズ一世即位（―四九）
二九		チャールズ一世の無議会政治（―四〇）
四〇		春、短期議会招集、解散。この年の秋、長期議会招集
四二		内戦勃発（ピューリタン革命）
四五		第一次内戦終結

四七		パトニー会議
四八		第二次内戦
四九		一月三〇日、チャールズ一世の処刑。共和国成立
五三		クロムエル、護国卿となる
五八		クロムエル死去。リチャード・クロムエル、護国卿となる
六〇		チャールズ二世ロンドンに帰り、王政復古となる
六二		サムエル・アンスリー、第三次礼拝統一令によって国教会から追放される 一二月一七日、スザンナの夫サムエル・ウェスレー幼児洗礼を受ける。彼の誕生日は不明
六九	〇	一月二〇日、スザンナ生まれる
八一？	一二	スザンナ、非国教徒から国教会教徒に変わる決意をする
八五	一六	ジェームズ二世即位（―八八）
八八	一九	名誉革命 一一月一一日、スザンナ、サムエル・ウェスレーと結婚
八九	二〇	ウィリアム三世とメアリー二世、イングランドの共同統治者として即位（―九四）

九〇	二一	ウェスレー夫妻、サウス・オルムスビーの牧師館に住み始める
九四	二五	メアリー二世死去、ウィリアム三世の単独統治（—一七〇二）
九七	二八	ウェスレー夫妻、エプワースの牧師館に住み始める
一七〇二	三三	この年の初めごろ、「ウィリアム三世を王と認めない」とスザンナが主張して夫婦のいさかいが起こる
		アン女王即位（—一四）
		スザンナのミニスクールが始まる
〇三	三四	六月一七日、ジョン・ウェスレーがスザンナの一五番目の子として生まれる
〇七	三八	一二月一八日、チャールズ・ウェスレーがスザンナの一八番目の子として生まれる
〇九	四〇	エプワースの牧師館の火災で、ジョンが奇跡的に助かる
一一	四二	この年末から翌年にかけて、スザンナが牧師館で日曜の夕方の礼拝でメッセージをする
一四	四五	ジョージ一世即位（—二七）
二五	五六	スザンナの娘ヘティの悲劇が始まる
二七	五八	ジョージ二世即位（—六〇）

三二	六三	アメリカにジョージア植民地設立
三五	六六	四月二五日、スザンナの夫サムエル七二歳で死去
		一〇月、ジョンとチャールズ、アメリカ・ジョージアに向けて出発。チャールズは、翌年七月に帰国
三七	六八	一二月、ジョン帰国の途につく
三八	六九	ジョン、二月にペーター・ベーラーに出会う
		五月二一日、チャールズが回心を経験する
		五月二四日、ジョンも回心の恵みを経験する
		六月、モラヴィア兄弟団の本部を訪ねる旅に出る
三九	七〇	一一月六日、スザンナの長男サムエル四九歳で死去
		一二月、スザンナがロンドンのメソジスト本部（ファウンダリー）にジョンと一緒に住む
四〇	七一	スザンナが回心を経験する
四二	七三	七月二三日、スザンナ七三歳で死去
八八		三月二九日、チャールズ八〇歳で死去
九一		三月二日、ジョン八七歳で死去

本書で使用した文献について

一番役に立ったのは、一九九七年にオックスフォード大学出版部が刊行した『スザンナ・ウェスレー全文書』(*Susanna Wesley: The Complete Writings*, edited by Charles Wallace Jr., 1997)です。この編集者の書いた注は驚くほど詳しく、スザンナの文章を理解するのに大いに役に立ちます。五〇〇頁におよぶ大著で、スザンナの手紙、日記や、彼女の教育方針についての文章、娘に与えた使徒信条の解説などを載せています。当時手に入るスザンナが書いたものをすべて集めたものです。日本で彼女のことを調べるためには、この上ないほど貴重な文献で、これがなければ私は本書『スザンナ・ウェスレーものがたり』を書くことができなかったでしょう。

ジョン・A・ニュートン著『スザンナ・ウェスレーとメソディズムにおけるピューリタンの伝統』(John A. Newton: *Suzanna Wesley and the Puritan Tradition in Methodism*, Epworth Press, 1968)は数少ないスザンナの優れた研究書として現在でも貴重な本で、多くの日本の学者たちがその論文に引用しています。

彼はイギリスのブリストルにあるウェスレー大学の教授で、スザンナが学問的な研究の対象になっていないことを嘆き、彼女の父サムエル・アンスリーが残した説教などの文献によって、彼のことを詳しく述べています。ニュートンの資料収集能力は驚くべきもので、それらの資料に基づいて彼は論旨を進めてゆきます。

ところで私は、ニュートンがスザンナを「ピューリタニズムの伝統」という視点から描いていることに違和感を覚えます。本書第8章の「スザンナの信仰」で、私はスザンナとスペインのアビラの聖テレサを比べており、彼女らに共通点が多いことに驚いたのです。スザンナには神秘家の素質があったのです。

マルティン・シュミット著『ジョン・ウェスレー伝——回心への内的発展』（高松義数訳、新教出版社、一九八五年）は、ウェスレー研究書として最高の著作と言われています。原書はドイツ語ですので、私は英訳を使いました（Martin Schmidt: *John Wesley: A Theological Biography*, vol.1, translated by Norman Goldhawk, Epworth Press, 1962）。彼はウェスレーだけでなく、登場してくるペーター・ベーラーの日記も現物を見て引用しています。ジョン・ウェスレーの回心前後のことを書くのに、大変お世話になった本です。ペーター・ベーラーやクリスチャン・デイヴィドがどのような経歴の人物であるかについてシュミットから教えられました。

Arnold A. Dallimore: *Susanna Wesley Mother of John & Charles Wesley*, Baker Book House,1993 の

著者ダリモアは、引退したバプテスト教会の牧師で、スザンナ以外にも今までに多くの伝記を書いています。ジョージ・ホイットフィールドや、C・H・スポルジョン、チャールズ・ウェスレーなどについても書いています。彼がスザンナについて書いていたとき、彼女の『全文書』は出版されていなかったので、彼女の手紙しか用いることができませんでした。しかし彼は、他の誰よりもスザンナの夫の弟マシュー・ウェスレーについて詳しく書いているので、助かりました。

Rebecca Lamar Harmon: *Susanna Wesley Mother of the Wesleys*, Abingdon Press, 1968 は古い本ですが大変評判がよく、一九九一年に同社からペイパーバックで再販されました。彼女はメソジスト教会の監督の妻で、スザンナに魅せられて数年にわたり資料を集めてこの本を書きました。私が読んだ本の中で、彼女ほど詳しくスザンナの娘たち一人一人について述べている人はいません。とくにヘティについては、その第10章で彼女の苦悩がどのように深かったかを、彼女の詩を引用して述べています。私はこの本に出会わなかったら、ヘティの罪を父親が赦さず、どのように深い軋轢が彼女と両親との間にあったかを知ることができなかったでしょう。

野呂芳男著『ウェスレー』（清水書院、一九九五年）は、ウェスレーの入門書として役に立ちます。地図や年表が載っているので助かります。

その他の多くの参考書は、私が文中で説明しています。

あとがき

本書の成立について

私がウェスレー家の人々について初めて原稿を書いたのは一九五七年一月のことです。キリスト教雑誌『共助』（キリスト教共助会）に、ジョン・ウェスレーによるメソジスト運動と弟チャールズが歌詞を書いた賛美歌を紹介しました。

その後、ある日私は、深町正信先生（後に青山学院院長となられ、現在は東洋英和女学院院長）を東京・世田谷の経堂緑岡教会にお訪ねしました。当時、先生はそこの牧師をされながら、ウェスレー研究に励んでおられたのです。先生は熱をこめてウェスレーについて語られ、ジョンの母親のスザンナが大変優れた女性であったと教えてくださいました。そしてジョンが英国のロンドンで住んでいたウェスレー・ハウスなどの写真が載っているパンフレットをくださいました。

その中にあったジョンの祈りの部屋の写真を見たとき、不思議なほど強い思いが私の心に湧いたのです。「いつか必ずこの部屋を訪れたい！」と。それはまさに運命的な出会いでした。

一九七八年に、バプテスト教会の女性のための雑誌『世の光』に、数名の優れた女性のキリスト者について連載記事を書いて欲しいとの依頼がありましたので、スザンナについて六月号から八回、四頁の短い記事を書きました。当時、私は恵泉女学園短大の英文科の教師でしたが、青山学院大学理工学部で非常勤講師として英語を教えていましたので、学院の図書館を利用することができて助かりました。

ところで、ジョンの祈りの部屋を訪れたいという願いが実現したのは、一九九一年八月です。姪の田尻友子さんが夫の良一さんの任地であるアメリカのアトランタの郊外に三人の子どもたちと住んでいたので、私の妹・和子と一緒にそこを訪れ、そこから私は一人で英国に足を延ばしました。

ジョンの祈りの部屋

なんとも貧相な小さな部屋である祈りの部屋を見たとき、「ここがメソジスト運動の発電所と言われたところか！」と驚きました。そしてウェスレー一家が住んだ牧師館に是非私も泊まってみたいと願い、エプワースを訪れました。そこは予約すれば、誰でも一泊し、とても美味しい朝食をいただくことができます。この町は今でもほんとうに田舎町で、この牧師館しか名所はなく、町の絵葉書もありませんでした。しかし、この町を訪れたことで、スザンナのことを学んでいるとき、当時の彼女の生活をいろいろ想像することが出来ました。

ところが、一九九四年に恵泉女学園大学を定年退職して以来、私はスザンナに全く関係がない本を書いていました。創元社から刊行した五冊の賛美歌についての本と、教文館から刊行した『あなたは愛されています——ヘンリ・ナウエンを生かした言葉』（二〇〇九年）と、司馬遼太郎とザヴィエルなどについて書いた『感動ものがたり——魂をゆさぶった人たち』（二〇一一年）などです。

ところで、私は二〇〇四年一〇月二五日に、日本キリスト教文化協会からキリスト教功労賞をいただく三人のうちの一人となりました。教文館九階のウェンライト・ホールで行われた授与式の後のパーティーで、深町正信先生にお目にかかりました。そのとき先生は私に「スザンナ・ウェスレーについて本を書いてください」と言われました。私は即座に「先生、今は無理です」とお返事しました。実は、私はヘンリ・ナウエンを紹介する本『ヘンリ・ナウエンのスピリチュアル・メッセージ』（キリスト新聞社、絶版）を書き終え、それが刊行されたのがちょうどその日で、キリスト新聞社の人が私に数冊手渡してくれたばかりだったのです。その新刊の本のことで頭が一杯でした。

しかし、二〇一一年四月に『感動ものがたり』を書き上げた後、深町先生のお言葉を思い出して、スザンナに心が向いてきました。そしてある日、教文館社長の渡部満氏に一九七八年六月から八回バプテスト教会の女性向けの雑誌『世の光』に、スザンナについて短い記事を連載したことをお話ししました。

すると渡部社長は、そのことに深い関心を示して言われました。「教文館はメソジスト派の出版社として創立されたので、ジョン・ウェスレーの母であるスザンナの伝記を出版することは大変望ましいことです」と。そして、私を担当してくださる編集者の奈良部朋子さんに、『世の光』の私の八回分の記事のコピーを取り寄せるようにと指示されました。

そのような事情で、私はスザンナについて本を書く仕事に取り掛かりました。スザンナの伝記は英米でも数が少なく、彼女が書いた文書をすべて集めてオックスフォード大学から刊行された『全文書』をどうしても手に入れたいと願っていましたら、奈良部さんが英国から取り寄せてくださいました。およそ五〇〇頁あるこの本には、スザンナの手紙や日記が詳しい注がついて載っており、ほんとうに宝の倉です。それまで私は、スザンナについて誰かが書いた物を通して彼女を垣間見ていたのですが、彼女自身が書いた手紙や日記を読むことによって、彼女自身が生きた一人の人間として私に迫ってくるようになりました。

スザンナの『全文書』を読んで

彼女が書いた手紙で私が一番感動したのは、一七三三年元日にジョンにあてた手紙です。それについて、私は本書第8章「スザンナの信仰」に詳しく述べています。神の偉大さ、愛の深さに心の底から驚嘆して失神するほどの経験をしたことを彼女は書いています。その姿を見て、私は思うのです。私自身ほんとうに神の偉大さ、愛の深さに驚嘆しているのかと。

その同じ第8章に彼女が七歳のジョンのために捧げた祈りについて書きました。この祈りは、私たちが普段捧げる祈りとは全く違います。私たちは自分の願いを神に述べます。「病気や様々な苦しみから救ってください」と。ところが彼女の祈りはまず神の憐れみに対する心からの賛美で始まります。つぎに、自分のこれからの人生のすべてを神に捧げるという献身の祈りが述べられています。そして最後に、ジョンの魂を正しく導くことができますように、という祈りが続きます。

この祈りが神に聞かれて、メソジスト運動が起こり、メソジスト教会が生まれたのです。これはまさに歴史を動かす祈りでした。私はこの祈りを読んだとき、スザンナの魂の息吹を感じました。彼女はもはや数百年前の人間ではなく、私の隣にいる最も親しい主にある友人で、私の信仰の導き手なのです。そして彼女は、神に聞かれる祈りとは、どのような祈りであるかを私たちに示しています。私たちも神の偉大さ、愛の深さに驚いて神を賛美し、自分たちの人生を神に捧げて、心からの願いを神に訴えたいと思います。

本書において、私はスザンナがどのように霊的また知的に優れた女性であるかを述べていますが、彼女自身は、自分は神の御前において取るに足りない人間であると本気で感じていました。第4章「夫と妻」で、一七一一年から翌年の冬にかけて起こったこと――彼女が夕拝でメッセージを語り、三〇〇人ちかい人々が集まったこと――について述べました。この事実は、彼女がどのように優れた話し手であったかを示すものですが、彼女は夫への手紙にジョージ・ハーバートの詩を引用しました。

ただ、神はしばしばみすぼらしい材料を
高貴な目的のために用いたまいます。
私は主のみ足もとにひれ伏します。

そこで私は、私の創造主が
そのみ業を現すために
粗末な材料を探されるのを待ちます。
それこそ私の時です。

彼女は、自分が「みすぼらしい材料」「粗末な材料」と本気で思っていたのです。これは見せかけの謙遜ではありません。

本書第2章で、私はリチャード・バクスターがオリヴァー・クロムエルについて述べたことを紹介しました。「彼（クロムエル）は基本的には正直に考え、基本的な生活態度において敬虔で良心的であった」が、「成功と繁栄が彼を堕落させた」と。このバクスターの言葉を読んだときの衝撃を、私は忘れることができません。成功がもたらす誘惑に負けることは恐ろしいことです。

フランシスコ・ザヴィエルが、「日本で働く宣教師に最も必要なものは謙遜である」と手紙に書いたのですが、スザンナが神に用いられたのは彼女が謙遜であったからでしょう。

スザンナの本を書くことにより、私は多くのお恵みをいただきました。その一つは、第7章「スザンナとジョージ・ハーバートの詩」に書いたように、彼女が引用しているハーバートの「感謝する心」という詩を通して、神に感謝し、神を賛美することがいかに大事であるかを知ったことです。

感謝する心

主よ、あなたは多くのものを私にくださいましたが、
もう一つ与えてください。感謝する心を。
私はあなたに手練手管を使って求めます。

……
それゆえ私は叫び、また叫びます。
あなたは静かでいることがおできになりません。
私が感謝する心をあなたからいただくまでは。

嬉しいことがあっても、私は感謝することがないのです。
お恵みがこれからも十分あるかのように思って。
どうか心の鼓動が常にあなたを賛美する人間にしてください。

ハーバートは、必死になって神に「感謝する心」を求めました。彼は「愛」という詩で、この心がないものは、聖餐式に参加する資格がないと述べています。このような思いは、まさにスザンナ

の思いでした。ところが、「私は神に私の欲求から生まれる祈りを捧げるだけではないか。これでは私は神を自分のために利用していることになる……」と気づかされました。ハーバートとスザンナのように、私も必死になって「感謝する心」を祈り求めたいと願っています。

現在の日本について

この「あとがき」を書いている二〇一五年六月一五日の現在、日本は危機的状況に臨んでいます。日本の政府は、平和憲法を無視して、日本を戦争が出来る国にしようとしています。このような日本の将来を考えると、心が震えるような恐怖を感じます。しかし、私たちもスザンナのように世界を支配しておられる偉大な神を信じ、その神を賛美し、私たちの人生を神に捧げ、そして祈りたいと思います。「神よ、日本があなたの御心にかなう国になりますように！」と。

五月二四日に、日本キリスト教団使徒教会のペンテコステ礼拝に出席し、交読文一三（詩編四六編）を皆と朗読しているとき、私はつぎの箇所を読んで衝撃を受けました。

主は地《ち》のはてまでも戦《たたか》いをやめしめ、
　弓をおり矛《ほこ》をたち、戦車《いくさぐるま》を火《ひ》にて焼《や》きたもう。
汝《なんじ》ら静まりて我の神たるを知れ、

なんと力強いみ言葉でしょうか！　私たちは静かな心をもって、神が天地を支配しておられる万能の神であることを信じ、日本のために神に祈りたいと思います。

今回も、編集者である奈良部朋子さんに大変お世話になりました。私の原稿を読んで、奈良部さんは多くの間違いや説明不足の箇所を見つけて訂正し、またいろいろ提案してくださいました。このように優秀な編集者と一緒に仕事ができることは、著者にとってとても幸せなことです。

二〇一五年六月一五日　東京、世田谷にて

大塚　野百合

著者紹介
大塚野百合（おおつか・のゆり）
東京女子大学英語専攻部、早稲田大学文学部史学科、米国クラーク大学大学院修士コース卒業。
イェール大学神学部研究員、恵泉女学園大学教授、昭和女子大学非常勤講師を歴任、恵泉女学園大学名誉教授。
著書　『老いについて』『賛美歌・聖歌ものがたり』『賛美歌と大作曲家たち』『賛美歌・唱歌ものがたり』『賛美歌・唱歌ものがたり(2)』『賛美歌・唱歌とゴスペル』『出会いのものがたり』（創元社）、『ヘンリ・ナウエンのスピリチュアル・メッセージ』（キリスト新聞社）、『あなたは愛されています』『感動ものがたり』『「主われを愛す」ものがたり』（教文館）ほか。

日本キリスト教団出版局楽譜版下使用許諾 No. 版 015-121

スザンナ・ウェスレーものがたり
ジョン、チャールズ・ウェスレーの母

2015年8月10日　初版発行

著　者　大塚野百合
発行者　渡部　満
発行所　株式会社　教文館
〒104-0061 東京都中央区銀座 4-5-1
電話 03(3561)5549　FAX 03(5250)5107
URL http://www.kyobunkwan.co.jp/publishing/

印刷所　株式会社平河工業社
配給元　日キ販　〒162-0814　東京都新宿区新小川町 9-1
電話 03(3260)5670　FAX 03(3260)5637

ISBN978-4-7642-6994-1　Printed in Japan